# Achilleus und Penthesileia in der antiken Vasenmalerei

## Mythologie · Motive · Maltechniken

### Robert Sturm

© 2020
Herstellung und Verlag: BoD – Books on Demand,
Norderstedt
ISBN: 978-3-7526-6110-1

 Vorwort

Das Aufeinandertreffen von Achilleus und der Amazonenkönigin Penthesileia im Rahmen des Trojanischen Krieges findet in den *Posthomerica* des Quintus von Smyrna (4. Jh. n. Chr.) seine ausführliche narrative Darstellung. Die Episode verfügte bereits in archaischer und klassische Zeit über einen bemerkenswerten Bekanntheitsgrad, wodurch sie letztendlich auch ihre Aufnahme in die antike Bildkunst erfuhr. Die beiden Protagonisten gelangten unter anderem in der Bildhauerei anhand von Rundskulpturen und Reliefs zur Abbildung, vermochten aber insbesondere in die Vasenmalerei Einzug zu halten, wobei sich gerade in dieser Kunstgattung eine gewisse Motivvielfalt entwickeln konnte.

Das Hauptaugenmerk des vorliegenden Buches ist auf die verschiedenen Darstellungsformen der beiden mythologischen Gestalten gerichtet, welche einzelne Etappen der Achilleus-Penthesileia-Episode widerspiegeln. Neben dem Auftreten der Amazonenkönigin am Kriegsschauplatz und dem erstmaligen Zusammentreffen von Achilleus und Penthesileia auf dem Schlachtfeld findet vor allem das Niederstrecken der weiblichen Kriegerin durch den Peliden seine breite ikonografische Reflexion. Auch das in Form der berühmten Stützpose zum Ausdruck gelangende Betrauern der einstigen Kontrahentin und das Wegtragen des Leichnams der Amazone aus dem Kriegsgetümmel wurde auf Vasen zum Teil sehr eindrucksvoll in Szene gesetzt.

Die Monografie liefert zunächst einen kurzen Überblick über die beiden im Mittelpunkt stehenden mythologischen Gestalten, ehe sie im Detail auf die Achilleus-Penthesileia-Episode im Rahmen des Trojanischen Krieges eingeht. Dabei finden die Ausführungen des oben genannten Quintus von Smyrna ihre umfangreiche Nutzung. Im Hauptteil des Buches gelangen die unterschiedlichen Motive dieser Episode, welche auf Vasen verschiedener Kunstepochen realisiert wurden, zur ausführlichen Untersuchung. Ziel ist hier im Wesentlichen eine Systematisierung der einzelnen Darstellungsformen. Die jeweiligen Motive werden in weiterer Folge unter Heranziehung zahlreicher Bildbeispiele noch näher erläutert.

Das Buch versteht sich keineswegs nur als Speziallektüre für Forschende in Archäologie und Alter Geschichte, welche mit der antiken griechischen Keramikkunst vertraut sind, sondern wendet sich auch an jenen Leserkreis, der über ein allgemeines Interesse an der griechischen Mythologie und der darin immer wieder auftretenden Amazonenerzählung verfügt.

**Robert Sturm, Herbst 2020**

# Inhaltsverzeichnis

■■■■■■■■■■

# 1 Einleitung

## 1.1 Das Leben des Achilleus

Achilleus (Ἀχιλλεύς) gilt als einer der Haupthelden der *Ilias* und wurde vielerorts als Gott verehrt, was durch zahlreiche Kultstätten in Lakonien, in der Elis, in Korinth, in Böotien, in Thessalien und in Epiros bezeugt wird. Selbst in Unteritalien, im griechischen Osten und am Pontos vermochte man sich der Ausstrahlung des Heros nicht zu entziehen, weshalb man ihm zu Ehren etliche Heiligtümer errichtete.[1]

Zur Etymologie des Heldennamen nimmt Escher in seinem Artikel ausführlich Stellung.[2] Grundsätzlich wird dort die Auffassung vertreten, dass Achilleus als Kurzform von Achilogonos (Ἀχιλόγονος) gedeutet werden kann, was so viel wie der „Schlangensohn" bedeutet und auf die vorzugsweise Verwandlung der Mutter Thetis in eine Schlange anspielt. Von anderer Seite wird Achilleus als Koseform von Achaios (Ἀχαιός) interpretiert, wohingegen eine dritte Gruppe von Altertumsforschern den Namen im Zusammenhang mit einer Wassergottheit (vgl. Acheloos) zu sehen glaubt. Hier ist allerdings einschränkend festzuhalten, dass bei der Sagengestalt außer der Abstammung von Thetis und dem Kampf gegen Skamandros nichts an einen mit Wasser assoziierten Gott zu erinnern vermag.

---

[1]  Geisau, H. v.: Artikel „Achilleus". In: DKP I (1964), Sp. 46.
[2]  Escher-Bürkli, J.: Artikel „Achilleus". In: RE I (1894), Sp. 221 f.

Wenn man sich in weiterer Folge der Abstammung des Achilleus zuwendet, so kann man Peleus, den Herrscher der Myrmidonen in der Phthia, als dessen Vater identifizieren. Der Stammbaum des griechischen Heros führt über Peleus, Aiakos und Aigina bis zum Göttervater Zeus zurück (Abb. 1). Als Mutter des Achilleus kann nach der am weitesten verbreiteten Sage die Nereide Thetis angesehen werden, welche ihren Sohn unsterblich zu machen gedenkt und ihn deshalb mit Ambrosia salbt. Darüber hinaus taucht sie ihn bei Nacht in Feuer oder siedendes Wasser ein, wird jedoch bei dieser Handlung von ihrem Ehemann überrascht. Nachdem ihr der Sohn vom aufgebrachten Peleus entrissen worden ist, kehrt Thetis voller Betrübnis zu den Nereiden zurück. Dieser Handlungsstrang

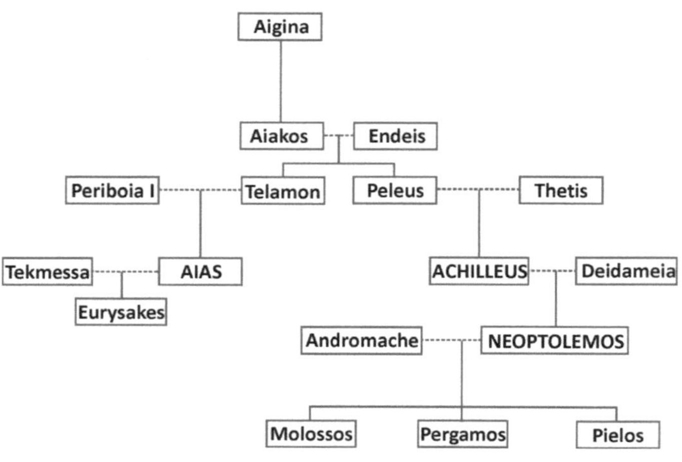


**Abbildung 1.** — Stammbaum der Peliden mit der Rückführung des Achilleus auf die Zeustochter Aigina.

kann schon dem alten griechischen Epos *Aigimios* entnommen werden.[3] Das berühmte Motiv der Achillesferse tritt erst wesentlich später in der *Achilleis* des Statius und in den Fabeln des Hyginus auf.[4] Hier wird davon berichtet, dass Thetis ihren Sohn in die Styx taucht, um diesen unverwundbar zu machen. Die Ferse aber, an der sie ihn hält, wird bei diesem Vorgang nicht benetzt, wodurch eine vulnerable Stelle zurückbleibt, die dem Peliden später zum Verhängnis werden soll. Peleus bestimmt den Kentauren Chiron zum Lehrer seines Sohnes. Dabei wird Achilleus unter anderem in die Kriegskunst, die Heilkunde und die Musik eingewiesen. Als Jüngling kehrt er schließlich zu seinem Vater zurück.[5]

In der *Ilias* gelangt keine derart enge Beziehung zwischen Achilleus und Chiron zur Darstellung; vielmehr ist dort davon die Rede, dass Peleus seinen noch des Kampfes unerfahrenen Sohn gemeinsam mit Phoinix zu Agamemnon geschickt habe. Dort sollte jener in die Künste des Redens und Handelns eingeschult werden.[6] In einer anderen Überlieferung wird der junge Achilleus von seiner Mutter bei Ausbruch des Trojanischen Krieges nach Skyros geschickt, um dort verkleidet unter den Töchtern des Lykomedes zu verharren. Aus seiner Verbindung mit Deidameia geht der Sohn Pyrrhos (Neoptolemos) hervor, der sich in der Spät-

---

3  Apoll. Rhod. 4, 869; Apollod. 3, 13, 6; Schol. Apoll. Rhod. 4, 816.
4  Stat. Ach. 1, 269; Hyg. fab. 107.
5  Geisau, Artikel „Achilleus", Sp. 47.
6  Hom. Il. 9, 438.

phase des Krieges zwischen Griechen und Trojanern als würdiger Nachfolger seines Vaters erweisen soll.[7] Erst der von Kalchas nach Skyros entsandte Odysseus vermag Achilleus durch eine List zu entdecken und ihn für die Kriegshandlungen zu rekrutieren. Gemäß den Ausführungen des Plutarch (Thes. 34) tritt Achilleus im Erwachsenenalter als Eroberer der Insel Skyros auf, um an Lykomedes, welcher den Tod des Theseus zu verantworten hat, Rache zu üben. Nachdem er sich mit dem Herrscher des Eilandes versöhnt hat, nimmt er dessen Tochter Deidameia zur Frau. In die Periode der Skyrosokkupation fallen auch der Triumph des Achilleus über Alexandros (Paris) am Spercheios, der Vorstoß gegen Poimandros von Tanagra und das Werben um Helena bei Tyndareos.[8]

Nachdem Nestor und Odysseus nach Phthia gekommen sind, fällt es ihnen nicht sehr schwer, Achilleus zur Teilnahme am Zug gegen Troja zu bewegen.[9] Unter Begleitung von Patroklos und dem hochbetagten Phoinix zieht der Heros mit 50 Schiffen in den Krieg, wobei er gemäß den Kypria mit den Achaiern zunächst in Teuthranien (Mysien) landet. Dort zeichnet er für die Verwundung und Heilung des Telephos verantwortlich. Die Rückfahrt in die Heimat gestaltet sich äußerst stürmisch, beinhaltet jedoch auch die bereits erwähnte Eroberung der Insel Skyros und die Vermählung mit Deidameia.[10] Nachdem sich die Flotte bei

---

7    Apollod. 3, 13, 8; Hyg. fab. 96 Bion 2, 5; Stat. Ach. 1, 42.2, 229.

8    Plut. Thes. 34; Plut. quaest. graec. 37; Paus. 3, 24, 10.

9    Hom. Il. 11, 765.

10    Prokl. § 25-28.

Aulis gesammelt hat, wird Iphigeneia dorthin gelockt, da man ihr fälschlicherweise die Verlobung mit Achilleus vorgebracht hat.[11] Als weitere vor dem eigentlichen Krieg stattfindende Episoden gelten die Tötung des Tenes auf Tenedos und ein erstes Zerwürfnis mit Agamemnon aufgrund einer verspäteten Einladung zum Mahl.[12]

Die ersten neun Jahre des Trojanischen Krieges verlaufen für Achilleus eher unspektakulär, wobei vor allem die Geschichten von Kyknos, Troilos und Lykaon im Vordergrund stehen.[13] Nach Vermittlung von Thetis und Aphrodite erlebt der Pelide eine geheimnisvolle Begegnung mit Helena.[14] Innerhalb der langen Zeitspanne des Aufenthalts der Griechen in der Troas werden unter der Führung des Achilleus zahlreiche Beutezüge sowie ein Skythenzug durchgeführt, welche die Eroberung etlicher kleinasiatischer Städte zur Folge haben.[15]

Die Ereignisse der Ilias konzentrieren sich auf die beiden Priesterinnen Chryseis und Briseis, welche einen schweren Konflikt zwischen Achilleus auf der einen Seite und Agamemnon auf der anderen hervorrufen. Unter Vermittlung der Göttin Athene kann der Streit schließlich beigelegt werden, wobei sich der Pelide jedoch in sein Zelt zurückzieht, den Verlust seiner Geliebten beklagt und fortan dem Kampf auf dem Schlachtfeld fernbleibt. Nach etlichen unglücklichen

---

[11] Prokl. § 30; Eur. Iph. A.
[12] Prokl. § 34.
[13] Prokl. § 37; 45; 46.
[14] Prokl. § 41.
[15] Geisau, Artikel „Achilleus", Sp. 48.

Kriegshandlungen der Achaier werden Phoinix, Aias, Odysseus sowie Odios und Eurybates zu Achilleus entsandt, um diesen auf Geheiß des Agamemnon zur Rückkehr in den Kampf zu bewegen. Trotz zahlreicher verlockender Angebote vermag man den Peliden jedoch nicht zur Wiederaufnahme der kriegerischen Tätigkeiten zu überreden.[16]

Als sich am nächsten Tag die Ereignisse überstürzen und die Griechen in tiefste Bedrängnis geraten, tritt Nestor an Patroklos mit der Bitte heran, dass jener entweder Achilleus umstimmen oder aber in dessen Rüstung den Achaiern beistehen möge.[17] Patroklos erhält schließlich die Erlaubnis zum Anlegen der achilleischen Rüstung und vermag durch diesen Ansporn die Troer bis zu den Stadtmauern zurückzudrängen, wo er jedoch von Hektor niedergestreckt und seiner Bewaffnung beraubt wird. Nachdem Achilleus vom Tod seines Gefährten in Kenntnis gesetzt worden ist, bricht er in laute Klagen aus. Mit Unterstützung der Athene gelingt ihm der Abtransport des toten Patroklos vom Schlachtfeld. Die Bestattung seines einstigen Freundes verweigert er solange, bis er die Waffen und das Haupt des Hektor in seinen Händen hält.[18]

Nachdem Achilleus mit einer neuen, von Hephaistos geschmiedeten Rüstung ausgestattet worden ist und von den Achaiern seine Geliebte Briseis zurückerhalten hat, erfährt er durch Athene eine Stärkung mit Nektar und Ambrosia. Am nächsten Tag zieht er mit seinem Wagenlenker Automedon und den beiden un-

---

16   Escher-Bürkli, Artikel „Achilleus", Sp. 233.
17   Hom. Il. 11, 596 f.
18   Hom. Il. 18.

sterblichen Rossen Balios und Xanthos in die Schlacht
und sucht unter den stetig zurückweichenden Troern
seinen finalen Gegner Hektor. Dabei lassen zahlreiche
trojanische Helden wie Iphition, Demoleon, Hippoda-
mas und der Hektor-Bruder Polydoros ihr Leben. Nach
der umfassend dargelegten Episode am Skamandros,
in der Achilleus nur knapp mit seinem Leben davon-
kommt, konzentrieren sich die Geschehnisse wieder
auf Troja selbst, dessen Krieger unter Führung des Peliden hinter die Stadtmauern getrieben werden, so
dass zum Schluss nur noch Hektor vor dem skaischen
Tor verbleibt.[19]

Nach einer mehrmals um die trojanischen Stadtmauern herumführenden Verfolgungsjagd tritt Achilleus
dem Hektor im Zweikampf gegenüber und bringt ihm
schließlich eine tödliche Verwundung am Hals bei.
Dem Sterbenden wird zunächst die Rüstung abgenom-
men; danach werden die Füße der Leiche durchbohrt
und mit einem Riemen versehen. Der am Streitwagen
des Achilleus befestigte Leichnam wird zum griechischen Lager geschleift.[20] Nach der Bestattung und den
Leichenspielen des Patroklos gelingt es Priamos in einer heimlichen Aktion, den Leichnam seines Sohnes
bei Achilleus auszulösen.

An die *Ilias* schließen sich direkt die Handlungen der
*Aithiopis* und der *Kleinen Ilias* an, wobei hier zunächst
die Auseinandersetzung zwischen der Amazone Pen-
thesileia, welche den Troern zu Hilfe kommt, und
Achilleus in den Vordergrund rückt (siehe Kap. 2).
Nachdem es dem griechischen Heros gelungen ist,

---

[19]  Escher-Bürkli, Artikel „Achilleus", Sp. 235.
[20]  Hom. Il. 22.

seine Gegnerin im Zweikampf niederzustrecken, widerfährt ihm eine tiefe Zuneigung gegenüber seiner ehemaligen Kontrahentin. Als er von Thersites für seine Bewunderung der Kriegerin Spott und Hohn erntet, tötet er den schamlosen Kritiker mit einem einzigen Fausthieb. Der aufgrund dieser Tat entstehende Zwist unter den griechischen Feldherren bewegt Achilleus zu einer Fahrt nach Lesbos und zur Darbringung eines Opfers an Apollon, Artemis und Leto. Nachdem er durch Odysseus vom Vorwurf des Mordes freigesprochen worden ist, nimmt er es in einer zweiten Episode mit Memnon, dem Sohn der Eos, auf. Letzterer tötet auf dem Schlachtfeld zunächst Antilochos, den besten Freund des Achilleus, weshalb ihm schließlich durch den Peliden dasselbe Schicksal widerfährt (Abb. 2).[21]

**Abbildung 2.** — Antike Vase (5. Jh. v. Chr.) mit der Darstellung des Zweikampfes zwischen Achilleus (links) und Memnon (rechts).

---

[21] Pind. O. 2, 91; Geisau, Artikel „Achilleus", Sp. 49.

Nach dem Tod des Eos-Sohnes treibt Achilleus die Troer vor sich her und drängt diese bis an die Tore der Stadt. Da wird er plötzlich von einem Blitz des Apollon niedergestreckt. Dieser vermutlich ältesten Version zum Ableben des griechischen Heroen stehen alternative Handlungsstränge gegenüber, in denen der Pelide entweder durch Paris und Apollon[22] oder durch Paris alleine[23] den Tod erfährt. In der zuletzt genannten Version lauert der Priamos-Sohn dem griechischen Helden beim Apollon-Tempel zu Thymbra auf, wo Achilleus mit dessen Schwester Polyxena eine Zusammenkunft vereinbart hat. Durch einen gezielten Pfeilschuss in die rechte Ferse vermag er schließlich den Hellenen niederzustrecken (Abb. 3).

**Abbildung 3.** — Tod des Achilleus durch einen gezielten Pfeilschuss des Paris.

22 Hom. Il. 19, 416; 20, 359; Prokl. § 62.
23 Hellanik. frag. 135; M. Schol. Lykophr. 269; 307; Hyg. fab. 110.

Am skaischen Tor kommt es zu einem erbitterten Kampf zwischen Troern und Griechen um die Leiche des Achilleus, wobei es Aias letztendlich gelingt, den toten Körper seines einstigen Kampfgefährten aus dem Schlachtfeld fortzutragen (Abb. 4). In der Zwischenzeit wehrt Odysseus die herandrängenden Feinde ab. Nach den dramatischen Ereignissen vor den Stadtmauern Trojas tritt eine Kampfpause ein, in der das Begräbnis des Antilochos und die Ausstellung des Leichnams des Achilleus erfolgt. Thetis trifft mit den Musen und Nereiden am Schauplatz ein und betrauert ihren Sohn. Daraufhin entreißt sie Achilleus dem

**Abbildung 4.** — Archaisches Vasenbild mit der Fortführung des toten Achilleus durch Aias.

Scheiterhaufen und bringt ihn auf die Insel Leuke. Die Achaier bleiben von diesem Ereignis weitgehend unbeeinflusst und türmen einen Grabhügel auf, an dem sie die traditionellen Leichenspiele feiern.[24] Nach dem Tod des Peliden entbrennt zwischen Aias und Odysseus ein erbitterter Streit um dessen Waffen.

Achilleus durchläuft laut griechischer Sagenwelt ein Schattendasein im Hades. In einem alternativen Erzählstrang vermag er hingegen auf die Inseln der Seligen zu entrücken, welche als allgemeines Los der Kriegshelden gelten.[25] Einer anderen Version zufolge wird Achilleus durch Ibykos und Semonides ins Elysion versetzt, wobei man diese im Jenseits befindliche Welt auf der Insel Leuke vor der Donaumündung zu verorten glaubte.[26] Auf diesem unbewohnten Eiland entstand schon in früher Zeit ein Achilleus-Tempel, welcher von den benachbarten Festlandsbewohnern und den Seefahrern mit reichen Weihgaben geschmückt wurde. Von Leuke breitete sich der Totenkult des griechischen Heroen auch auf entferntere Orte im Schwarzen Meer aus. So geriet beispielsweise die Insel Borysthenis, die auch Achillea genannt wurde, in den Einflussbereich der mythologischen Gestalt. Als jenseitige Gefährtinnen des Achilleus werden unter anderem Iphigeneia (Orsilochia), Polyxena und Helena genannt, wobei aus dem Bund mit Helena der geflügelte Euphorion entsprießt.[27]

---

24 Prokl. § 63-67.
25 Hes. erg. 156.
26 Pind. N. 4, 49; Eur. Andr. 1260; Eur. Iph. T. 435.
27 Geisau, Artikel „Achilleus", Sp. 49 f.

## 1.2 Das Leben der Penthesileia

Penthesileia (*Πενϑεσίλεια*) repräsentiert im Allgemeinen eine Amazone im troischen Sagenkreis und wird bei Diodor (2, 46, 4) als letzte große Königin des Frauenvolkes bezeichnet. Ihr Name steht für „die dem Volk Kummer Bereitende".[28] Als Penthesileias Vater gilt bei zahlreichen antiken Autoren der Kriegsgott Ares,[29] während Otrere als Mutter der Kriegerin genannt wird.[30] Manche Schriftsteller sehen Thrakien als ursprüngliche Heimat der Königin an, wohingegen andere Autoren die sonst üblichen Amazonenlokalisierungen auch bei Penthesileia aufführen. Demnach stammt sie vom Thermodon, einem Fluss im pontischen Kleinasien, welcher die Ostgrenze der fruchtbaren Küstenebene Themiskyra mit der gleichnamigen Hauptstadt bildet.[31]

Bekanntheit erlangt Penthesileia vor allem durch ihren Heereszug nach Troja, wofür in der alten Literatur zwei gänzlich unterschiedliche Motivationen angegeben werden. An mancher Stelle ist davon die Rede, dass die Amazone den Kriegszug lediglich aufgrund ihres ausgeprägten Geltungsdranges anführt. Zudem hat sie das Bestreben, sich durch die Auszeichnung im Krieg nach gültigem Amazonenbrauch das Recht zur

---

[28] Schwenn, F.: Artikel „Penthesileia". In RE Supplementband VII (1940), Sp. 868.

[29] Diod. 2, 46, 5; Epit. Apollod. 5, 1; Quint. Smyrn. 1, 55; Hyg. fab. 112; Serv. Dan. Aen. 1, 491.

[30] Epit. Apollod. 5, 1; Quint. Smyrn. 1, 55; Hyg. fab. 112; Serv. Dan. Aen. 1, 491; Lykophr. Al. 997.

[31] Schwenn, Artikel „Penthesileia", Sp. 869.

Eheschließung zu verschaffen.[32] An anderer Stelle wiederum liest man von einem *φόνος ἐμφύλιος* (Blutsverwandtenmord), den sie versehentlich an ihrer Schwester Hippolyte während einer Jagd verübt hat. Um den Vorwürfen ihres Volkes entgehen zu können und zugleich eine Reinigung von der ihr anhaftenden Blutschuld zu finden, eilt sie mit ihrem Heer den Troern im Kampf gegen die Achaier zu Hilfe.[33] Das Kriegsbündnis zwischen Amazonenvolk auf der einen Seite und Troja mit seinem König Priamos auf der anderen mutet in manchen Belangen etwas sonderbar an, da der junge Priamos einst als *ἐπίκουρος* (Helfer, Söldner) gegen die kriegerischen Frauen zu Felde gezogen war.[34]

Nach ihrer Ankunft in Troja und einem ihr zu Ehren veranstalteten Festmahl zieht Penthesileia auf das Schlachtfeld vor den Mauern der Stadt und tritt dort zunächst aufgrund ihrer Aristie hervor. So tötet sie zuerst den Machaon und in einem weiteren Zweikampf den Podarkes. Durch ihren überragenden Kampfesmut vermag sie schließlich bis zu den Schiffen der Achaier vorzudringen. Nach mancher Überlieferung entsteht ihr durch Chalkos, den ehemaligen Waffenträger des Antilochos, ein Verbündeter, der sie aus Liebe zu unterstützen gedenkt, jedoch durch Achilleus den Tod findet.[35]

Penthesileias Kampf erfolgt wohl in erster Linie zu Fuß, wobei sich die Amazone ihren Gegnern mit unter-

---


[32]  Hellanik. frg. 149.
[33]  Diod. 2, 46, 5; Serv. Dan. Aen. 1, 491.
[34]  Schwenn, Artikel „Penthesileia", Sp. 871.
[35]  Ebd.

**Abbildung 5.** — Moderne Darstellung der Amazonenkönigin Penthesileia durch den französischen Künstler Gabriel-Vital Dubray (1862).

schiedlichen Waffen (Doppelbeil, Schild, Lanze, Pfeil und Bogen) gegenüberstellt (Abb. 5). Nachdem sich die Kriegerin in der Schlacht als äußerst heldenhaft erwiesen und die Griechen an den Rand einer Niederlage gebracht hat, tritt sie letztendlich Achilleus in der alles entscheidenden Monomachie gegenüber (Kap. 2). Bei diesem Zweikampf erfährt sie durch die Speere des Peliden eine tödliche Verwundung. Nach ihrem Ableben in den Armen des zur Liebe bekehrten griechischen Heros (Abb. 6) wird ihr Leichnam an die Troer ausgehändigt, welche sogleich eine prachtvolle Bestattung der Kriegsheldin veranlassen.[36]

Zu Penthesileias Bestattung gibt es ganz unterschiedliche Überlieferungen. Während das spätantike Epos dazu tendiert, den bereits oben gezeichneten Weg mit der Beisetzung der Amazone im Freundesland zu beschreiten,[37] neigen manche Schriftsteller des Hellenismus eher dazu, die Bestattung der Königin im Griechenlager selbst zu verorten.[38] Vertreter letzterer Hypothese gehen sogar noch einen Schritt weiter, indem sie das Mnema Penthesileias an der Stätte des Thersites-Todes zu sehen glauben. Eine dritte Gruppe von Literaten erwähnt gar Achilleus selbst als Bestatter der Amazone.[39] Das Vorhaben einer ehrenvollen Beisetzung scheitert jedoch letztlich an dem Thersites-

---

[36]  Schwenn, Artikel „Penthesileia", Sp. 872.
[37]  Quint. Smyr. 1, 782 ff.; Schol. Il. 2, 220; Tzetz. Posthom. 7 ff.
[38]  Siehe Tabula Iliaca A.
[39]  Triphiodor. 39; Serv. Dan. Aen. 1, 491; Tzetz. Posthom. 207.

Verwandten Diomedes, welcher die Leiche an den Beinen in den Skamandros zerrt und jene den Fluten des reißenden Flusses übergibt.[40]

**Abbildung 6.** — Hellenistische Figurengruppe mit dem Ableben Penthesileias in den Armen des Achilleus.

---

[40] Tzetz. Lykophr. 999; Tzetz. Posthom. 199, 206.

# 1.3 Der Werdegang der antiken Vasenmalerei

Als Vasen bezeichnet man im Allgemeinen alle aus gebranntem Ton produzierten Gefäße der Antike, welche im Laufe der Jahrhunderte einen zum Teil enormen Formenreichtum entwickeln konnten (Abb. 7). Unter Vasenmalerei versteht man jede gezeichnete oder gemalte Verzierung auf einem Keramikgefäß, wobei grundsätzlich eine Unterscheidung zwischen ornamentaler und figürlicher Dekoration vorgenommen werden kann. Keramikgefäße repräsentieren ohne Zweifel einen bedeutenden Bestandteil der antiken Kunstgeschichte, da sie je nach Fundort, Form und Verzierung sowohl das Alltagsleben der alten Hellenen als auch deren religiöse Vorstellungen zu reflektieren vermögen.[41]

In Hinblick auf die Verwendung der Vasen kann eine Differenzierung in Kult-, Vorrats-, Misch-, Trink-, Schöpf-, Gieß- und Salbgefäße vorgenommen werden. Diese Grundtypen werden noch durch zahlreiche Sonderformen ergänzt, welche zumeist mehrere miteinander kombinierbare Funktionen besaßen. Die Herstellung einzelner Keramikobjekte erfolgte in Handarbeit in kleineren und größeren Töpfereien, wobei der geschlämmte Ton zunächst auf der Töpferscheibe geformt und, wenn nötig, zu mehrteiligen Konstrukten zusammengesetzt wurde, welche abschließend im Brennofen bei Temperaturen zwischen 800 und

---

[41] Gross, W. H.: Artikel „Vasen, Vasenmalerei". In: DKP V (1975), Sp. 1142.

900°C ihre Aushärtung erfuhren. Während Ritzornamente in der Regel bereits vor dem Brennvorgang aufgebracht wurden, erforderte eine farbige Bema-

**Abbildung 7.** — Wichtige Grundformen antiker griechischer Vasen und ihre jeweiligen Benennungen (aus: Sturm, 2017).

lung das mehrfache Brennen des jeweiligen Keramikobjektes. Die Blütezeit der Vasenproduktion und unmittelbar mit ihr assoziierten Bildkunst kann nach heutiger Auffassung in den Zeitraum vom 6. bis zum 4. Jh. v. Chr. datiert werden. In diese Periode fällt unter anderem die Erfindung des oxidierenden und reduzierenden Brandes, welcher die Erzeugung leuchtender orangeroter und schwarzer Farben zur Folge hatte. Die zweifarbig gestalteten Vasen wurden oftmals noch nachträglich anhand feinster Ritzungen mit Innenzeichnungen versehen. Zudem konnte der Auftrag weiterer Farbtöne (z. B. weiß, purpur, braun) erfolgen, wodurch ein polychromer Gesamteindruck entstand. Während die frühe Keramikproduktion des 8. und 7. Jh. v. Chr. noch vornehmlich durch korinthische, euböische und ionische Werkstätten bestimmt wurde, verlagerte sich das Zentrum der Vasenherstellung in den nachfolgenden Jahrhunderten vermehrt nach Attika und hier vor allem in die Hauptstadt Athen. Ab dem späten 5. Jh. v. Chr. stiegen auch Unteritalien und Sizilien zu bedeutenden Stätten des keramischen Handwerks auf.[42]

Wenn man sich der griechischen Vasenmalerei und ihrer zeitlichen Entwicklung etwas mehr im Detail zuwendet, kann man innerhalb des ersten vorchristlichen Jahrtausends eine Abfolge unterschiedlicher Stilrichtungen erkennen. Die – wenn man so will – bildgestalterische Evolution beginnt mit dem Geometrischen Stil, welcher in seiner Frühphase (protogeometrische Keramik) die Abbildung großflächiger und

---

[42] Gross, Artikel „Vasen, Vasenmalerei", Sp. 1143 f.

nach strengen geometrischen Regeln produzierter Muster zum Ziel hat. Als typisch gelten hier etwa mit dem Zirkel gezogene Kreise und Halbkreise. Einzelne Musterabfolgen erfahren ihre Anordnung in verschiedenen Registern, welche untereinander wiederum durch umlaufende Linien getrennt sind. In der Hochphase des Geometrischen Stils tritt eine sukzessive Zunahme der ornamentalen Komplexität auf, wobei einzelne Verzierungen durch skizzenhafte Darstellungen von Menschen, Tieren und verschiedenen Gegenständen ergänzt werden. Ornamentale und figürliche Elemente werden oftmals in schwarzer oder seltener in roter Farbe auf hellem Untergrund gezeichnet. Der Geometrische Stil erfährt gegen Ende des 8. Jh. v. Chr. seinen langsamen Ausklang.[43]

Im letzten Viertel des achten vorchristlichen Jahrhunderts entwickelt sich von Korinth ausgehend der sogenannte Orientalisierende oder Protokorinthische Malstil. Dieser zeichnet sich im Wesentlichen durch das vermehrte Auftreten figürlicher Elemente und mythologischer Darstellungen aus, wobei die generelle Organisation des Vasenbildes ihren signifikanten Einfluss durch orientalische Vorbilder erfährt. So finden etwa im Orient weit verbreitete Gestalten wie Greifen, Sphingen oder Löwen ihren breiten Eingang in die griechische Ikonografie. Der Protokorinthische Stil bedient sich bereits des Dreiphasenbrandes, wel-

---

[43] Gross, Artikel „Vasen, Vasenmalerei", Sp. 1144; ergänzend: Hampe, R./Simon, E.: Tausend Jahre frühgriechische Kunst. Hirmer, München 1980; Mannack, Th.: Griechische Vasenmalerei. Von Zabern, Darmstadt ²2012.

cher eine wichtige Voraussetzung für die nachfolgenden Stilepochen repräsentiert.[44]

Von der zweiten Hälfte des 7. Jh. v. Chr. bis zu Beginn des 5. Jh. v. Chr. vermag sich die Schwarzfigurige Vasenmalerei als gängiger Stil in der griechischen Keramikkunst zu etablieren. Thematisch ist dieser Stil insbesondere auf die Darstellung menschlicher Gestalten, welche sich in Gelagen, Kämpfen und mythologischen Szenen versammeln, fokussiert. In Anlehnung an die Orientalisierende Phase werden die Silhouetten einzelner Figuren mit Schlicker oder Glanzton auf den noch ungebrannten Ton gemalt, wobei für die Ausritzung feiner Details ein Stichel zur Anwendung gelangt. Im Hals- und Fußbereich der Vasen entstehen zumeist verschiedenste Ornamente, die als Einrahmung des Bildfeldes dienen. Der Brand hat die Entstehung eines roten Untergrundes und einer durch den Glanzton erzeugten schwarzen Farbe der Figuren zur Folge. Zur Hervorhebung des weiblichen Inkarnats wird in Korinth auch erstmals die weiße Farbe genutzt (Abb. 8a, b). Die von Korinth ihren Ausgang nehmende Schwarzfigurige Vasenmalerei zeichnet sich durch eine relativ rasche Verbreitung über das griechische Stammland aus und wird ab dem letzten Drittel des 6. Jh. v. Chr. schließlich in Athen zur Meisterschaft geführt. Dies wiederum hat zur Folge, dass Attika an die Spitze der Keramikproduktion tritt und sich eine eigene Attisch-Schwarzfigurige Keramik herauszubilden vermag.[45]

---

[44] Gross, Artikel „Vasen, Vasenmalerei", Sp. 1144.

[45] Gross, Artikel „Vasen, Vasenmalerei", Sp. 1144; ergänzend: Boardman, J.: Schwarzfigurige Vasen aus Athen. Ein Handbuch. Philipp von Zabern, Mainz 1977.

**Abbildung 8.** — Bedeutende Stile der griechischen Vasenmalerei: (a) früher Schwarzfiguriger Stil, (b) später Schwarzfiguriger Stil, (c) Rotfiguriger Stil, (d) Weißgrundiger Stil (aus: Sturm, 2017).

Um 530 v. Chr. kommt es zur erstmaligen Produktion von Keramikgefäßen des Rotfigurigen Stils, wobei der Andokides-Maler als Erfinder dieser innovativen Technik angesehen wird. Im Gegensatz zum zuvor beschriebenen Malstil wird der Hintergrund geschwärzt, während die abzubildenden Figuren ausgespart bleiben. Die figürlichen Elemente werden oftmals mit feinsten Binnenzeichnungen versehen, wodurch der Betrachter Einblick in zahlreiche Details erhält. Im Rotfigurigen Stil bemalte Vasen zeichnen sich nicht nur durch Darstellungen mythologischer Motive, sondern auch durch die Präsentation von Szenen aus dem Alltag, aus dem Leben der Frauen und aus der Arbeitswelt aus. Neben dem Spektrum an Motiven erweitert sich auch die Komplexität der Abbildung, wobei man vor der Wiedergabe des Raumes und der Erzeugung möglichst realistischer Menschenfiguren keineswegs mehr zurückschreckt (Abb. 8c). Die vor allem in Attika zur Blüte gelangende Rotfigurige Vasenmalerei wird bereits im 5. Jh. v. Chr. von bedeutenden Werkstätten in Unteritalien übernommen, wodurch den attischen Keramikmanufakturen eine zunehmende Konkurrenz erwächst.[46]

Parallel zur Schwarz- und Rotfigurigen Vasenmalerei entwickelt sich in Attika der sogenannte Weißgrundige Stil, bei welchem die Keramik im Allgemeinen mit einem hellen, weißlichen Überzug aus kaolinhaltigem Tonschlicker versehen wird. Auf die weiße Unterlage werden in weiterer Folge in schwarzer oder roter Farbe gemalte Figuren aufgetragen, so dass sich ein in

---

[46] Gross, Artikel „Vasen, Vasenmalerei", Sp. 1145; ergänzend: Boardman, J.: Rotfigurige Vasen aus Athen. Ein Handbuch. Die archaische Zeit. Philipp von Zabern, Mainz 1981; Boardman, J.: Rotfigurige Vasen aus Athen. Ein Handbuch. Die klassische Zeit. Philipp von Zabern, Mainz 1991.

der Keramikkunst einzigartiger Kontrast ergibt. Der helle Überzug sollte das Objekt insgesamt kostbarer erscheinen lassen und möglicherweise eine Assoziation mit Marmor oder Elfenbein wecken. Die Weißgrundige Vasenmalerei ist durch fünf Unterstile gekennzeichnet, welche sich zeitlich vom letzten Drittel des 6. Jh. v. Chr. bis zum Ende des 5. Jh. v. Chr. erstrecken. Als erster Unterstil kann hier die Schwarzfigurige Malerei auf weißem Untergrund betrachtet werden, welche vom Töpfer Nikosthenes eingeführt wird. Ihm folgt mit der monochromen Umrisszeichnung eine weitere Unterkategorie, bei der die Motive nicht wie sonst üblich durch Aussparungen, sondern durch Umrissdarstellungen und Binnenzeichnungen auf dem Vasenkorpus festgehalten werden. Im ersten Viertel des 5. Jh. v. Chr. entsteht als dritter Unterstil jene vom Töpfer Euphorios ins Leben gerufene Vierfarbenbemalung mit Glanzton und Erdfarben. Diese zeichnet sich dadurch aus, dass die Umrisszeichnungen mit Glanzton und farbigen Flächen kombiniert werden, wobei Rot- und Brauntöne sowie Gelb, Weiß und Schwarz das Farbenrepertoire bestimmen. Bei der in die Frühklassik zu datierenden Lekythenbemalung tritt eine Kombination aus Glanzton, Erdfarben und nichtkeramischen Erdfarben auf. Die Bilder setzen sich hier größtenteils aus farbigen Flächen zusammen. Reine Umrisszeichnungen bleiben in der Regel nur noch auf männliche Körper beschränkt, während weibliche Gestalten eine Bemalung mit Deckweiß erfahren. Die Kleider der Frauen sind oftmals mit schwarzem Glanzton, Erdfarben, aber auch mit nichtkeramischen Farben wie Zinnober oder Ägyptisch

Blau ausgestaltet (Abb. 8d). Der fünfte Unterstil umfasst die sogenannte polychrome Lekythenbemalung, bei welcher sowohl der schwarze Glanzton als auch das Deckweiß aus den bildlichen Darstellungen verschwinden. Frauenkörper werden in dieser Phase wiederum in Form von Umrisszeichnungen präsentiert, wobei die Verwendung nichtkeramischer Erdfarben kontinuierlich zunimmt. Die Einfärbung einzelner Flächenelemente erfolgt für gewöhnlich nach dem Brand, wodurch der Haltbarkeit des Farbkonzeptes enge Grenzen gesetzt sind. Die Weißgrundige Vasenmalerei erfährt in hellenistischer Zeit an manchen Orten eine regelrechte Renaissance, wobei sowohl mono- als auch polychrome Bemalungen auftreten.[47]

Als eine Sonderentwicklung der keramischen Kunst gelten die sogenannten Gnathiavasen, welche nach ihrem ersten Fundort Gnathia im unteritalienischen Apulien benannt sind und ab dem letzten Drittel des 4. Jh. v. Chr. erstmals in Erscheinung treten. Die Besonderheit dieser Keramikgefäße liegt in der Verwendung von Weiß, Gelb, Orange, Rot, Braun, Grün und anderen Farben auf schwarz gefirnisstem Untergrund. Die Gnathiakeramik bringt vor allem kultische Geräte, Glückssymbole und pflanzliche Motive zur Abbildung.

---

[47] Gross, Artikel „Vasen, Vasenmalerei", Sp. 1145; ergänzend: Paul, E.: Antike Keramik. Entdeckung und Erforschung bemalter Tongefäße in Griechenland und Italien. Koehler & Amelang, Leipzig 1982; Schiering, W.: Die griechischen Tongefäße. Gestalt, Bestimmung und Formwandel. Mann, Berlin ²1983; Simon, E./Hirmer, M.: Die griechischen Vasen. Hirmer, München ²1981.

Ihre Produktion erstreckt sich nach moderner Erkenntnis bis in die Mitte des 3. Jh. v. Chr.

Eine weitere Sonderform der griechischen Keramikkunst stellen die sogenannten Canosiner Vasen dar, welche um 300 v. Chr. im apulischen Canosa entstehen. Die Stilistik ist durch die Verwendung von wasserlöslichen, nicht brennbaren Farben auf weißem Grund charakterisiert, wobei auf die Gefäßkörper oftmals große rundplastische Figuren appliziert werden. Die ausschließlich für den Totenkult und als Grabbeigabe genutzte Ware gelangt im dritten und zweiten vorchristlichen Jahrhundert zur Produktion.

Zuletzt seien in diesem kurzen Überblick noch die sogenannten Centuriper Vasen erwähnt, die nach dem sizilischen Centuripe benannt sind und vorwiegend im 3. Jh. v. Chr. in Erscheinung treten. Die Gefäße setzen sich hier zumeist aus mehreren Teilen zusammen, wodurch ihnen jegliche praktische Nutzbarkeit abhanden kommt. Die als Grabbeigaben verwendeten Objekte enthalten oftmals großformatige Figuren mit polychromen Kleidungsstücken und weisen zudem zahlreiche reliefierte Appliken auf. Die dargestellten Motive umfassen in der Hauptsache verschiedene Kult-, Opfer- und Abschiedsszenen.[48]

■■■■■■■■■■

---

[48]  Gross, Artikel „Vasen, Vasenmalerei", Sp. 1145.

# 2 Der Achilleus-Penthesi-leia-Mythos

## 2.1 Penthesileias Ankunft in Troja und Zug in den Krieg

Als bedeutendste schriftliche Quelle für den Achilleus-Penthesileia-Mythos gelten zweifelsohne die *Posthomerica* des Quintus von Smyrna (Quintus Smyrnaeus), welche nach allgemeiner Auffassung am ehesten in die erste Hälfte des 4. Jh. n. Chr. datiert werden können und somit mehr als 1000 Jahre nach der berühmten *Ilias* des Homer entstanden sind.[49]

Wie uns Quintus zu Beginn des ersten Buches seines umfangreichen Epos mitteilt, zieht Penthesileia in Begleitung eines großen Gefolges, dem auch 12 Prinzessinnen angehören, in die Stadt Troja ein. Obwohl all diese Begleiterinnen große Berühmtheiten in Bezug auf Tapferkeit und Kampfeskunst darstellen, werden sie allesamt von ihrer Königin überstrahlt. Sie ist gleichsam wie der Mond, welcher in dunkler Nacht den Sternenhimmel an Helligkeit zu übertreffen vermag, und wie die Sonnenstrahlen, die durch die aufreißenden Gewitterwolken dringen und den Tag mit

---

[49] Keydell, R: Artikel „Quntus von Smyrna". In: RE XXIV/1 (1963), Sp. 1271-1296; Sturm, R: Qunitus von Smyrnas Posthomerica in 14 Büchern. Der Untergang Trojas – Eine Übersetzung aus dem Griechischen. Saarbrücken: Akademiker-Verlag, 2013.

ihrem Lichte erhellen. Die Bewohner Trojas eilen von allen Seiten zusammen und hegen unermessliche Bewunderung für die durch die Menschenmenge reitende Tochter des Ares. So groß nämlich ist ihre Schönheit, während ihre Augen gleichsam wie Sterne funkeln und ihre Wangen von einem hellroten Teint erfüllt werden. Über all dieser Ästhetik schweben Grazie und Kampfesmut.[50]

Die Trojaner erweisen sich als zutiefst dankbar für die Hilfe der Amazonen im Kampf gegen die Griechen. Priamos verhält sich gegenüber Penthesileia so, als ob eine Tochter nach 20 Jahren von einem entlegenen Land zurückgekehrt wäre. Wie es sich für einen vom Ruhm des Krieges erfüllten Herrscher gehört, lässt er zu Ehren der Königin ein prunkvolles Fest ausrichten, in welchem man sich wieder siegessicher gegenüber den Achaiern gibt. Penthesileia verspricht den bei dieser Feier Anwesenden die Tötung des Achilleus, obwohl sie über die Kriegskunst ihres vermeintlichen Gegners noch keinerlei Kunde besitzt. Als Andromache, die Witwe des geschiedenen Hektor, diese Worte vernimmt, beklagt sie sich über die Arroganz der Amazonenfürstin. In ihren Augen nämlich war Hektor der viel bessere Krieger als sie, und dennoch scheiterte dieser an der ungestümen Kampfkraft des Peliden. Als schließlich die Nacht über Troja hereinbricht, begeben sich alle Feiernden auf ihre Schlafgemächer. In einem Traum sieht Penthesileia die bevorstehende Schlacht und ihren Sieg über Achilleus ablaufen.[51]

---

[50] Quint. Smyrn. 1, 40-72.
[51] Quint. Smyrn. 1, 73-172.

Bei Anbruch der Dämmerung wird die Amazonenkönigin unvermittelt aus ihrem Schlaf gerissen, woraufhin sie sich in Windeseile ihre Rüstung anlegt. Mit großer Hast ergreift sie mit ihrer linken Hand den Schild und zwei Wurfspieße, während sie mit ihrer rechten Hand eine mächtige zweischneidige Streitaxt umfasst. Letztere wurde ihr von der furchtbaren Eris zur Niederstreckung ihrer Gegner auf dem Schlachtfeld übergeben. An der Spitze der Trojaner und des Amazonenzuges reitet sie kurz darauf in die Schlacht. Über ihr weilt das Schicksal, welches ihr den Aufbruch in den ersten und zugleich auch in den letzen Kampf gegen die Griechen verheißt.[52]

Während sich Penthesileia voller Kampfesmut dem Schlachtfeld nähert, richtet Priamos seine Gebete an den Göttervater Zeus und beschwört diesen, dass seine Krieger unter der Führung der Amazone den Triumph gegen die Achaier erringen mögen und die Königin des Frauenvolkes unversehrt zurückkehren möge. Als den Herrscher durch ein Übel bringendes Zeichen große Furcht erfüllt, spricht dieser im Innersten seiner Seele zu sich selbst: „Ich werde Penthesileia nicht lebend aus dem Krieg zurückkehren sehen!" Damit beginnt das Schicksal seinen unumkehrbaren Weg zu beschreiten.[53]

Als die Hellenen den trojanischen Heereszug und an dessen Spitze Penthesileia erblicken, stellen sie sich zunächst die Frage, wer denn nach dem Tode Hektors die Anführerschaft der feindlichen Truppen angetre-

---

[52] Quint. Smyrn. 1, 173-237.
[53] Quint. Smyrn. 1, 238-268.

ten habe. Nach dem Fall des Priamossohnes haben sie nämlich den Glauben an ein nochmaliges Aufbäumen des Feindes verloren. Die Achaier sind der festen Überzeugung, dass an diesem Tage die letzte Stunde für Ilion geschlagen habe, selbst wenn ein Gott in der Mitte der gegnerischen Schlachtreihen kämpfen sollte. Danach stürzen sich alle mit Gebrüll in die Schlacht, welche von beiden Seiten so unbarmherzig geführt wird, dass sich der Boden vor der Stadt blutrot zu verfärben beginnt. Penthesileia streckt einen Griechen nach dem anderen nieder, wobei unter anderem Molion, Persinus, Elissos, Antitheus, Hippalmos und Elasippos ihr Leben verlieren. Einen besonders grausamen Tod erfährt Podarkes, der Sohn des Iphiklos, woraufhin dessen Gefolgschaft so schnell wie möglich die Flucht ergreift. Penthesileia, die gleichsam als Rächerin im Auftrag des Priamos auftritt, setzt ihren Kampf mit mörderischer Präzision fort und schüchtert dabei die Gegner mit ihre Siegessicherheit untermauernden Parolen noch zusätzlich ein. Wie eine Tigerin vermag die Amazonenkönigin durch die einzelnen Schlachtreihen der Griechen zu brechen, und unter ihren Mitkämpfern beginnt man bereits an ihrer Sterblichkeit zu zweifeln. Man unterliegt vielmehr dem Glauben, dass sich Athene, Eris oder gar Artemis auf die Seite des trojanischen Heeres geschlagen habe (Abb. 9).[54]
Mit jeder weiteren Stunde des Kampfes kommt Penthesileia den Schiffen der Griechen näher und verzeichnet zudem einen stetigen Zuwachs ihrer Macht. Zielsicher schleudert sie ihren Speer, und all jenen, die

---

[54] Quint. Smyrn. 1, 269-499.

vor ihr die Flucht ergreifen, stößt sie besagte Waffe in den Rücken. Das Blut der Feinde tropft bereits in großen Mengen von ihrer Rüstung, so dass sich der Boden rot verfärbt. In ihrer Bewegung zeichnet sich die Amazone durch eine Leichtigkeit aus, durch welche sie einem über das Schlachtfeld ziehenden Windhauch gleicht. Die Anzahl der niedergestreckten Feinde führt dazu, dass sie den Sohn des Peleus an Ruhm noch zu übertreffen vermag. Die von der Kriegerin verursachte Spur der Verwüstung lässt an einen reich bewachsenen Garten denken, dessen ganze Blütenpracht zertrampelt worden ist. In der Stadt Troja selbst beginnt

**Abbildung 9.** — Reitende Amazone des Franz von Stuck aus dem Jahre 1905.

Tisiphone, die Tochter des Antimachos und Ehefrau des Meneptolemos, in wilder Leidenschaft Kampfparolen an ihre Genossinnen auszustoßen. Ihrer Ansicht nach verfügen Männer und Frauen über gleiche Eigenschaften, besitzt aber die Kriegerin letztendlich eine durch Heldenmut und unbesiegbaren Geist stetig erfüllte Seele. Sie ruft dazu auf, eher im Kampf zu sterben als in die Gefangenschaft eines fremden Volkes zu geraten.[55]

Die aus der Stadt ertönenden Kampfparolen haben zur Folge, dass die Kämpferinnen auf dem Schlachtfeld weiter angestachelt werden und mit großer Eile in Richtung feindliches Lager voranschreiten. Man gewinnt den Eindruck, es handle sich bei ihnen um Bienen, welche nach Ende des Winters ihren Sammelplatz verlassen und über die von hellen Blumen erfüllten Wiesen schwirren. Die derweil in Troja befindlichen Frauen steigern die Menge an erzeugter Wolle und hergestellten Waffen und leisten damit ihren Beitrag am Krieg. Als auf beiden Seiten die Anzahl der Gefallenen stetig zunimmt, erhebt die weise Theano ihre Stimme und stellt sich dabei die Frage, worauf denn bei den trojanischen Frauen der Verdienst für den Kampfesmut gründe. Letztlich wären sie den im täglichen Kampf erprobten Griechen keineswegs gewachsen. Penthesileia stellt nach Ansicht der Theano eine Ausnahmefigur innerhalb des Amazonenvolkes dar, weil sie anstelle einer Gottheit als Antwort auf die Gebete der Trojaner geschickt worden ist. Der Krieg sollte doch eher als eine Betätigung der Männer gel-

---

[55] Quint. Smyrn. 1, 500-588.

ten, während die Frauen sich trotz ihrer teils verzweifelten Situation einer anderen Beschäftigung zuwenden sollten. Diese weisen Worte vernehmend treten die Trojanerinnen wieder von ihrem Vorhaben einer Teilnahme am Kampf zurück und beobachten diesen aus sicherer Entfernung. Noch immer hat Penthesileia beim Durchbrechen feindlicher Linien großen Erfolg, wodurch Angst die einstige Kriegslust der Achaier verdrängt. Einige Griechen haben sich bereits ihrer Rüstung entledigt, während andere auf dem Boden kauern und sich unter ihren Schilden verbergen. Die Rosse reißen sich von den Streitwägen los und flüchten zurück in Richtung griechisches Lager. Der mächtige hellenische Feind gerät ins Wanken und stürzt – nicht zuletzt durch Penthesileias Speer – in den Staub.[56]

Als es den Trojanern und den Amazonen beinahe gelingt, die griechischen Schiffe in Brand zu setzen, bittet Aias seinen edlen Kampfgefährten Achilleus um Hilfe. Ihm zufolge würde eine Oberhand der Trojaner im Krieg sowohl den Griechen als auch dem Sohn des Peleus große Schmach bereiten. So legen sich beide unter dem lauten Getöse des Kampfes schließlich ihre Rüstung an und eilen unverzüglich in die Schlacht. im Kriegsgetümmel vermag man das laute Geräusch der ehernen Rüstungen der beiden Heroen zu vernehmen, und die Seelen beider sind von wilder Kampfeslust erfüllt. Mit großer Sehnsucht werden die beiden Mächtigen bereits von ihren Kampfgenossen erwartet. Ihnen sind auf ihrem Weg in das Zentrum der Schlacht schon zahlreiche triumphierende Feinde zum Opfer gefallen,

---

[56]  Quint. Smyrn. 1, 589-670.

und viele weitere werden durch ihre rastlosen Speere hingeschlachtet. Das Szenario ist mit einer Schafherde vergleichbar, welche von zwei fresswütigen Löwen heimgesucht wird und keinerlei Schutz mehr durch die Schäfer erfährt. Während Aias trojanische Kämpfer wie Deiochos, Hyllos, Eurynimis und Enyeus niederstreckt, sieht Achilleus vermehrt die Amazonen als sein Angriffsziel und tötet unter anderem Antandre, Polemusa, Antibrote, die wilde Hippothoe und deren Schwester Harmothoe. Danach liefert er sich noch mit dem Sohn des Telamon einen Zweikampf auf Leben und Tod, so dass die eben noch so siegessicheren Trojaner wieder einen herben Rückschlag erleiden.[57]

## 2.2 Der Zweikampf zwischen Achilleus und Penthesileia

Als Penthesileia bei ihrem Vordringen zu den griechischen Schiffen Aias und Achilleus erblickt, stürmt sie den beiden entgegen. Die zwei Heroen, welche ihren ehernen Rüstungen und langen Speeren großes Vertrauen entgegenbringen, erwarten die mächtige Amazone bereits. Ihre Wurfgeräte haben sie unter dem heftigen Klirren der bronzenen Schulterplatten schon in Stellung gebracht, um bestmöglich gegen den drohenden Angriff gewappnet zu sein. Zunächst schleudert Penthesileia ihren ersten langen Wurfspieß gegen die beiden hellenischen Krieger, doch dieser zerschmettert am Schild des Achilleus wie an einem Fel-

---

[57]  Quint. Smyrn. 1, 671-732.

sen. Das Geschenk des Feuergottes Hephaistos zeichnet sich nämlich durch solch große Härte aus. Ihre zweite Lanze wirft die Amazonenkönigin mit wilder Entschlossenheit gegen Aias, wobei sie folgende strenge Worten an ihre beiden Gegner richtet:

> „Aus meiner Hand ist eine Lanze vergeblich geworfen worden! Aber mit dieser zweiten werde ich die Stärke und den Mut beider Feinde bezwingen – wie sehr ihr mächtigen Männer euch auch inmitten der Griechen rühmt! Sterben sollt ihr, und so möge der auf den trojanischen Heerführern lastende Schmerz gelindert werden. Kommt näher und versucht es mit mir aufzunehmen, damit ihr lernt, welche Macht der Körper der Amazone in sich birgt. Mit meinem Blut ist der Krieg vermischt! Kein Sterblicher vermag mich zu besiegen, nur der des Schlachtrufes unersättliche Gott des Krieges. Daher ist meine Macht größer als die jedes Mannes.“[58]

Penthesileia gibt diese Worte mit einem verächtlichen Lachen von sich und wirft sodann ihre zweite Lanze. Als der Wurfspieß aber an der silbern glänzenden Rüstung des Aias zerschellt und all seine Gewalt dem darunterliegenden Fleisch nichts anzuhaben vermag, beginnen die Heroen aus Verachtung vor der Amazonenkönigin zu lachen. Das Schicksal hat es so bestimmt, dass keine feindliche Klinge mit dem Blute des Aias in Berührung treten sollte. Dieser jedoch

---

[58] Quint. Smyrn. 1, 733-766.

wendet sich daraufhin von der Amazone ab und stürmt den restlichen Feinden der Griechen entgegen, so dass sich lediglich noch Penthesileia und Achilleus im Zweikampf gegenüberstehen – zwei hinsichtlich ihrer Tapferkeit ebenbürtige Kontrahenten. Die Amazone stößt einen grellen Schrei der Wut aus, da sie beide Speere vergeblich gegen ihre beiden Feinde geschleudert hat. Achilleus aber wendet sich seiner Gegnerin zu und spricht zu ihr die folgenden Worte;

„Frau, mit welchem vergeblichen Gedanken des Triumphes bist du gegen uns angetreten, begierig danach, gegen uns zu kämpfen? Wer aber soll mächtiger sein als staubgeborene Helden? Wir rühmen uns unserer hohen Abstammung vom Sohn des Kronos, dem Blitzeschleuderer. Sogar Hektor, der des Kampfes Erprobte, verzagte schon vor uns, als er uns von Weitem in den Kampf ziehen sah. Ja, mein Speer tötete ihn trotz all seiner Macht. Und du – dein Herz ist höchst töricht, weil du es gewagt hast, uns an diesem Tag mit dem Tode zu drohen! Deine letzte Stunde hat nun geschlagen! Dem Kriegsgott wird es jetzt auch nicht mehr möglich sein, dich aus meiner Hand zu reißen. Dein Schicksal ist dir bestimmt, wie wenn inmitten des Gebirges ein Spießbock auf einen Löwen, den Verwüster der Herden, trifft. Frau, hast du etwa nicht von den Häufen Dahingeschlachteter gehört, welche ich mit diesen meinen Händen im reißenden

Strom von Xanthos aufgetürmt habe? Oder hast du es vergeblich gehört, weil dir die Götter den Verstand geraubt haben? Wie auch immer, des Schicksals unbarmherziger Abgrund öffnet sich für dich."[59]

Nachdem Achilleus so gesprochen hat, ergreift er den langen, von Chiron angefertigten Speer und schleudert ihn gegen die Amazonenkönigin. Er trifft die so kampfesbegierige Jungfrau oberhalb der rechten Brust. Das Blut tritt wie eine Fontäne aus der Wunde, wodurch die Kraft aus Penthesileias Gliedern zu entweichen beginnt. Das Kriegsbeil gleitet aus ihrer regungslosen Hand, ein Gefühl der Dunkelheit legt sich über ihre Augen, und Angst überkommt ihre Seele. Das Atmen fällt ihr schwer, und nur noch undeutlich vermag sie den ihr gegenüberstehenden Heros zu erkennen. Dieser ist im Begriff, sie vom Rücken des Streitrosses herabzuziehen. In tiefster Verwirrung äußert sie folgende Gedanken:

„Soll ich mein mächtiges Schwert ziehen und den richtigen Augenblick von Achilleus' Ansturm abwarten? Oder soll ich mich eiligst von meinem flinken Pferd hinabwerfen und vor diesem den Göttern ähnlichen Mann niederknien und ihm mit schnellem Atem haufenweise Gold und Erz versprechen, um mich loszukaufen? Diese Kostbarkeiten nämlich stellen die Herzen jener Sieger zufrieden, die niemals so begierig nach Blut sind. Wenn ich Glück

---

habe, wird mir die mörderische Macht des Peliden Aufmerksamkeit schenken und mich verschonen. Oder vielleicht wird meine Jugend bei diesem Mitleid erregen und wird es mir so gestattet sein, meine Heimat wieder zu erblicken. Auf dass ich lange leben möge!"[60]

**Abbildung 10.** — Kleine Keramikfigur einer sterbenden berittenen Amazone.

---

[60] Quint. Smyrn. 1, 807-830.

So schwirren die Gedanken im Kopf der Amazonenkönigin. Aber die Götter haben für sie ein anderes Schicksal vorgesehen. Noch immer nämlich handelt der Sohn des Peleus mit schrecklichem Zorn. Mit seinem zweiten Speer durchbohrt er den Körper des durch seine Windeseile ausgezeichneten Pferdes und trifft zudem ein weiteres Mal die Amazone. Diese fällt schnurstracks zu Boden und kommt mit dem Gesicht nach vorne gebeugt auf dem langen Speer zu liegen, ihren letzten Atem aushauchend. So liegt sie ausgestreckt auf dem toten Pferd gleichsam wie auf einem Bett (Abb. 10).[61]

## 2.3 Achilleus und die tote Penthesileia

Die Trojaner, welche die niedergestreckte Amazone erblicken, werden von Panik erfasst, und von bitterer Angst erfüllt flüchten sie schnurstracks zu den Burgmauern. Während sie sich fluchtartig aus dem Kampf zurückziehen, verfallen sie in tiefe Trauer um die getötete Amazonenkönigin, das Kind des ruhelosen Kriegsgottes, und um all jene Freunde, die im Krieg gegen die Griechen ihr Leben lassen mussten. Der Sohn des Peleus rühmt sich währenddessen mit hämischem Gelächter und spricht dabei folgende Worte:

> „Im Staub hier liegst du elendes Weib als
> leichte Beute für die Hunde und Raben!
> Wer hat dich dazu verleitet, gegen mich
> im Kampf anzutreten? Hast du wirklich

---

[61]  Quint. Smyrn. 1, 831-843.

geglaubt, lebend aus dem Krieg nach Hause zurückzukehren, reiche Geschenke des alten Königs Priamos mit dir tragend, deine Belohnung für das Hinschlachten der Argiver? Es waren nicht die Unsterblichen, die dir diesen Gedanken einhauchten, weil sie wissen, dass ich der mächtigste aller Heroen bin, der Beschützer der Griechen, aber das höchste Leid für die Trojaner und für dich! Aber es war das in Dunkelheit eingehüllte Schicksal und die Torheit deiner eigenen Seele, welche dich dazu veranlasst hat, die Arbeit der Frauen zu verlassen und in den Krieg zu ziehen, aus dem sich starke Männer schaudernd zurückziehen.“[62]

Nach dem Zweikampf mit Penthesileia zieht Achilleus jenen Speer, der sowohl für das Pferd als auch für die Amazonenkönigin den Tod bedeutet hat, aus den leblosen Körpern. Danach nimmt er vom Haupte seiner einstigen Widersacherin den hellglänzenden Helm ab und erblickt daraufhin das liebliche Gesicht der im Staub und Blut Liegenden mit seinen zierlichen Augenbrauen. Rund um die Gefallene herum versammeln sich in der Zwischenzeit die Griechen; diese werden sogleich in tiefste Verwunderung versetzt, erweckt doch Penthesileia den Anschein einer Unsterblichen. Da liegt sie in ihrer Rüstung auf der Erde und erscheint den Männern wie die schlafende Jägerin Artemis. Selbst im Zustand des Todes gilt die Tochter

---

[62] Quint. Smyrn. 1, 844-890.

des Ares als ein von Aphrodite glorreich gekröntes Wunder der Schönheit, so dass Achilleus schließlich vom Pfeil der Liebe getroffen wird und in tiefe Reue über seine Tat verfällt (Abb. 11). Die ihre Blicke auf die Amazonenkönigin richteten Griechen beten in ihren Herzen, dass ihnen ihre Frauen ebenso hübsch und lieblich wie die Dahingeschiedene erscheinen und auf dem Liebebett liegen mögen, wenn sie siegreich nach Hause zurückkehren. Das Herz des Achilleus wird aber weiterhin von Reue bedrückt, hätte er doch dieses so liebliche Wesen als seine königliche Braut in die Phthia bringen können. Sie ist frei von jeglichem Makel, eine Tochter der Götter, von göttlicher Größe und von allerhöchster unsterblicher Schönheit.[63]

Der durch den Tod seines Kindes mit Zorn erfüllte Ares beginnt auf dem Olymp zu rasen und sinnt nach Rache für die Amazonenkönigin. Achilleus blickt in der Zwischenzeit wie erstarrt auf seine einstige Kontrahentin und verfällt dabei immer mehr in Liebe zu ihr. Er empfindet Gefühle, die ihn zuvor nur anlässlich des Todes seines Freundes Patroklos erfasst haben. Bei Thersites aber ruft die Situation nur lauten Hohn hervor und er spottet Achilleus ins Gesicht:

> „Du armseliger Achilleus! Schämst du dich nicht dafür, dass sich eine bösartige Kraft deines Herzens bemächtigt hat und du eine Amazone bemitleidest, deren wilder Geist uns und den Unsrigen nichts anderes als Unglück gebracht hat? Verrückt nach Frauen bist du, und deine Seele be-

---

[63] Quint. Smyrn. 1, 891-922.

**Abbildung 11.** — Moderne Skulptur von Bertel Thorwaldsen mit Achilleus und der toten Penthesileia.

gehrt dieses Wesen, als ob es eine in Haushaltsangelegenheiten weise Frau wäre, die mit Geschenken und guten Absichten für eine ehrenvolle Ehe wirbt! Gut wäre es gewesen, hätte ihr Speer dein nach weiblichen Kreaturen seufzendes Herz getroffen! Du nimmst dich nicht in Acht, wenn deine Augen eine Frau erblicken! Armer Kerl, wo befindet sich nun all dein Mut, wo dein Verstand und wo die Macht des Königs, für die es sich geziemt, unbefleckt zu sein? Weißt du nicht, welches Elend dieselbe Frauenverrücktheit Troja einbrachte? Nichts bringt Männern größeren Ruin als das Begehren nach weiblicher Schönheit. Sie macht aus weisen Männern Narren. Aber die Plackerei des Krieges beschert Berühmtheit, denn der Ruhm des Sieges und die Taten des Kriegsgottes sind süß. Der Kriegsverweigerer jedoch sehnt sich nach Schönheit und dem Bett solcher Frauen, wie sie eine ist!"[64]

Achilleus, der die spottenden Worte des Thersites vernimmt, verfällt in blinde Wut und versetzt daraufhin seinem Kritiker mit der Hand einen gewaltigen Hieb unterhalb des Ohres, so dass jenem alle Zähne aus

---

[64]  Quint. Smyrn. 1, 923-1007.

dem Mund fallen und er kopfüber auf den Boden stürzt. Dem Körper dieses abscheulichen Menschen entflieht sogleich die heimtückische Seele. Die übrigen Söhne Achaias nehmen sich mit ihren Worten zurück, da sie Angst vor einer ähnlichen Reaktion des Peliden haben. Inmitten der Argiver ist plötzlich eine laute Stimme zu vernehmen, welche folgende Worte von sich gibt:

> „Es ist nicht gut für Untertanen, heimlich oder öffentlich gegen ihren König vorzugehen. Die hasserfüllte Vergeltung folgt auf der Stelle. Hoch oben sitzt die Göttin der Gerechtigkeit, und sie, die die Menschheit mit allem Leid beladen hat, hat die schamlose Zunge bestraft.“

In seiner rasenden Wut fügt Achilleus diesen Worten noch Folgendes hinzu:

> „Lieg hier im Staub, alle haben deine Unsinnigkeiten vergessen! Es geziemt sich für Schurken nicht, den Besseren Trotz entgegenzubringen. Einst hattest du Odysseus' unerschütterliche Seele herausgefordert, indem du mit giftiger Zunge tausende Worte des Hohns geschwätzt hattest. Aber du warst mit deinem Leben davongekommen. Nun aber hast du den Sohn des Peleus nicht mit so geduldiger Seele angetroffen, so dass er deine Hundeseele mit lediglich einem Schlag zum Ent-

weichen brachte! Ein bitteres Ende hat
dich heimgesucht. Durch deine eigene
Niederträchtigkeit ist dein Leben verflo-
gen. Hinweg mit dir von den Achaiern,
und teile deine Schmähungen dem Tode
mit!"[65]

Unter allen Griechen ist nur der Sohn des Tydeus mit
Zorn über die Ermordung seines einstigen Kampfgefährten durch Achilleus erfüllt. In seiner Wut hätte er
beinahe seine rachsüchtigen Hände gegen den Sohn
des Peleus erhoben, hätte sich nicht der nobelste aller
Söhne Achaias vor ihn gedrängt, ihn zur Mäßigung
aufgerufen und ihn von seiner Tat zurückgehalten.
Nach etlichen Worten der Beschwichtigung kann die
unter den Hellenen herrschende brenzlige Situation
schließlich überwunden werden. Die Könige der At-
reiden übergeben Penthesileias Leichnam in die Männer von Troja zur Aufgebahrung in der Burg, nachdem
Priamos persönlich sie darum ersucht hat. Der trojanische König lässt außerhalb der Stadtmauern einen
hohen Scheiterhaufen errichten, auf dessen Spitze
man die Amazonenkönigin legt. Rund um den Haufen
gelangen kostbare Schätze zur Platzierung. Nach der
Verbrennung der Leiche werden die Knochen aufge-
sammelt, einbalsamiert und in einer Urne aufbewahrt.
Die Überrest der Königin werden neben den Knochen
des Laomedon begraben. In der angrenzenden Ebene

---

[65]  Quint. Smyrn. 1, 1008-1040.

werden indes all jene Amazonen bestattet, die ihrer Königin in den Krieg gefolgt und den Speeren der Argiver zum Opfer gefallen sind. Weit entfernt von den trojanischen Mauern steigt der Rauch von jenen Scheiterhaufen empor, auf welchen die gefallenen Griechen ihre Brandbestattung erfahren. Große Trauer macht sich auch unter den Achaiern breit, und besonders beklagt man den Tod des Podarkes, der sich im Kampf um nichts weniger tapfer als sein von Hektor niedergestreckter Bruder Protesilaos erwiesen hat und vom Speer der Penthesileia durchbohrt worden ist. In einer getrennten Grube aber wird der erbärmliche Leichnam des Thersites verscharrt.[66]

■■■■■■■■■■

---

[66]  Quint. Smyrn. 1, 1041-1103.

# 3 Achilleus und Penthesileia in der griechischen Vasenmalerei

## 3.1 Wichtige Bildmotive innerhalb des Achilleus-Penthesileia-Mythos

Wenn man sich den im vorigen Kapitel dargestellten Achilleus-Penthesileia-Mythos und seine Verbildlichung in der Vasenmalerei etwas näher vor Augen führt, kann man einzelne Episoden dieser Erzählung in der keramischen Ikonografie wiederfinden. Insgesamt lassen sich für die antike griechische Keramikkunst fünf verschiedene, aus dem Mythos entlehnte Motive differenzieren (Abb. 12).

Als erstes Motiv kann Penthesileias Zug in die Schlacht gegen die Griechen bewertet werden. Die Amazonenkönigin wird hier in Begleitung ihres aus verschiedenen Kriegerinnen bestehenden Gefolges abgebildet, wobei die Fortbewegung ganz nach alter Tradition des Frauenvolkes zu Pferde oder im Laufschritt zu Fuß erfolgt. Die Amazonen sind meist in eine von den griechischen Rüstungen leicht unterscheidbare, orientalische Tracht gekleidet und mit charakteristischem Doppelbeil und Schild bewaffnet.

Das zweite Motiv zeigt den Kampf der Amazonen gegen die Argiver, wobei hier der Zweikampf zwischen Achilleus und Penthesileia noch nicht in den Mittel-

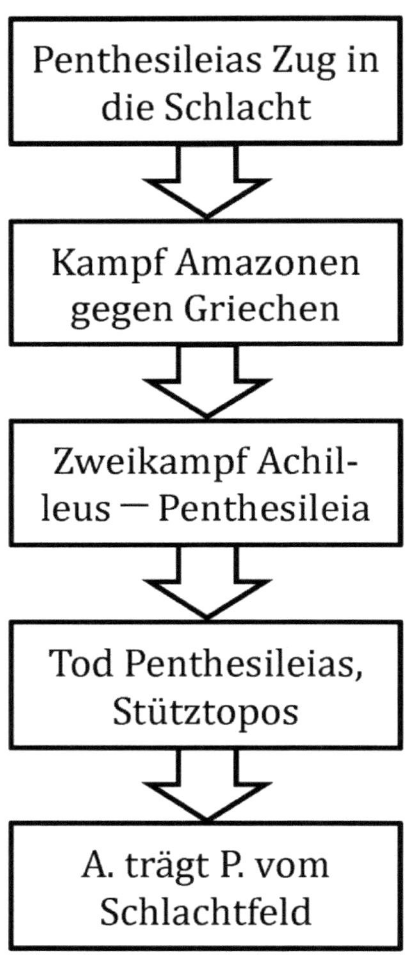


**Abbildung 12.** — Hauptmotive aus dem Achilleus-Penthesileia-Mythos, welche auf griechischen Vasen abgebildet sind.

punkt getreten ist. Amazonen und Griechen sind jeweils durch ein einheitliches Aussehen gekennzeichnet und treten in kleineren und größeren Gruppen gegeneinander an. So kann es ein Argiver mit zwei oder mehreren Kriegerinnen zu tun bekommen oder umgekehrt eine Frau auf mehrere Griechen treffen. Das Vasenbild ist im Allgemeinen durch eine Vielfigurigkeit und damit auch durch eine erhöhte ikonografische Komplexität charakterisiert. Bei manchen Gefäßen findet bereits eine Überleitung zum dritten Motiv insofern statt, als sich Achilleus und Penthesileia in dem Schlachtgetümmel gegenüberstehen.

Das dritte Motiv bringt die zwischen Peliden und Amazonenkönigin stattfindende Monomachie im engeren Sinne zur Darstellung, wobei hier jedoch mehrere Varianten differenziert werden können. Bei manchen Abbildungen stehen sich die beiden Kontrahenten als gleich starke Krieger gegenüber, so dass hier noch kein eindeutiger Sieger ausgemacht werden kann. Die meisten Vasenbilder zeigen jedoch einen überlegenen Achilleus, der seine Gegnerin mit seiner Kampfstärke zur Flucht oder gar in die Knie zwingt. Penthesileia vermag sich in dieser Situation der gegnerischen Waffeneinwirkung kaum noch zu erwehren und sieht demzufolge ihrem sicheren Tod entgegen.

Das vierte Motiv umfasst den berühmten Stütztopos, bei welchem Achilleus seiner einstigen Gegnerin unter die Arme greift und jene vom Boden emporhebt. Längst schon hat der Sohn des Peleus seine mörderische Tat bereut, da er die Schönheit und den Anmut der Amazonenkönigin nach Abnahme von deren Helm erkannt hat. Rund um den Stütztopos herum ist zumeist eine vielfigurige Szenerie entwickelt, welche die Interaktion zwischen Achilleus und Penthesileia inmitten des Kampfgetümmels verorten lassen. Das regelmäßige Auftreten der Siegesgöttin Nike weist zudem darauf hin, dass Achilleus als Triumphator des vorangegangenen Zweikampfes mit Penthesileia gilt.

Das fünfte, sehr selten auftretende Motiv zeigt Achilleus in Begleitung seiner griechischen Kampfgefährten, wie er den Leichnam seiner vormaligen Gegnerin über seine Schulter wirft und aus dem Schlachtfeld wegträgt. Penthesileia wird hier im Anschluss an das vierte Motiv bereits ohne Helm dargestellt und weist hinsichtlich ihres Körperbaus keinerlei Unterschiede zu den umgebenden Argivern auf. Da dieses Motiv in den *Posthomerica* des Quintus von Smyrna keine explizite Darstellung findet, ist es natürlich mit einiger Vorsicht zu handhaben. Aufgrund des Fehlens eindeutiger Inschriften könnte sich das Vasenbild auch auf eine andere Szene des Krieges oder sogar eine andere Amazonomachie beziehen.

Wenn man in weiterer Folge den Zweikampf zwischen Achilleus und Penthesileia einer etwas detaillierteren Analyse unterzieht, gelangt man zunächst zu dem Ergebnis, dass sich beide Gegner auf sehr unterschiedliche Art und Weise auf dem Schlachtfeld begegnen können (Abb. 13). Grundsätzlich können hier drei Varianten unterschieden werden, von denen jedoch lediglich eine mit der schriftlichen Überlieferung d'accord zu gehen scheint. Dabei handelt es sich um die zu Pferde kämpfende Amazone, welche dem traditionellerweise zu Fuß kämpfenden Peliden im Zweikampf gegenübertritt. Die beiden anderen Varianten stellen

| Zweikampf Achilleus — Penthesileia | | |
|---|---|---|
| Beide Kontrahenten begegnen sich zu Pferde | Penthesileia kämpft zu Pferde — Achilleus kämpft zu Fuß | Achilleus und Penthesileia kämpfen zu Fuß |

**Abbildung 13.** — Varianten des Zweikampfes zwischen Achilleus und Penthesileia.

die zwei Kontrahenten entweder als vom Pferde herabkämpfende Gestalten oder aber als reine Fußkämpfer dar. Im ersten Fall nimmt sich Achilleus auf eher ungewöhnliche Weise der amazonischen Fortbewegungsform an, wohingegen im zweiten Fall Penthesileia auf den typischen griechischen Hoplitenkampf zurückgreift. Letztere Variante findet in der Vasenmalerei mit überwältigender Mehrheit ihre Abbildung, weil damit einerseits eine Reduktion der figürlichen Komplexität, andererseits aber auch eine Fokussierung auf die Zweikampfszene mit all ihrer Dramatik verbunden ist.

Während Achilleus bei seinem Kampf gegen Penthesileia stets mit Speer, Schild und Schwert bewaffnet ist, unterliegt die Bewaffnung der Amazonenkönigin selbst einer deutlichen Variation (Abb. 14). So tritt die Kriegerin das eine Mal lediglich mit Speer und ohne Schild auf, während sie das andere Mal ausschließlich mit der zweischneidigen Streitaxt bewaffnet ist und wiederum auf entsprechenden Schutz durch einen Schild verzichtet. Die dritte Variante zeigt die Amazone mit Pfeil und Bogen, mit denen sie entweder einen Dauerbeschuss auf ihren Gegner durchführt oder in Anbetracht ihrer drohenden Niederlage eine Art Abwehrhaltung einnimmt. Bei der vierten Variante verfügt Penthesileia über Speer und Schild und größtenteils auch über ein Schwert, womit wiederum eine Angleichung an die Bewaffnung der Griechen stattfindet. Die fünfte Variante schließlich lässt die Amazonenkönigin mit Streitaxt und charakteristisch geformtem Schild auftreten, wodurch die klassische Bewaffnung des Frauenvolkes zum Ausdruck kommt.

| Die Waffen der Penthesileia |
| :---: |
| mit Speer/ohne Schild |
| mit Streitaxt/ohne Schild |
| mit Pfeil und Bogen |
| mit Speer/mit Schild |
| mit Streitaxt/mit Schild |

**Abbildung 14.** — Varianten der Bewaffnung bei der Amazonenkönigin Penthesileia während ihrer Auseinandersetzung mit Achilleus.

# 3.2 Beispiele zu den einzelnen Bildmotiven

## Motiv 1: Penthesileias Zug in die Schlacht

<u>Oinochoe des Mannheim-Malers (475-425 v. Chr.; Tafel 1)</u>: Dieses noch in sehr gutem Erhaltungszustand befindliche Keramikgefäß zeichnet sich durch ein durchgehend um den Korpus herum verlaufendes Bildfeld mit mehreren Figuren aus. Grundsätzlich liegt hier eine Darstellung mehrerer Amazonen vor, welche zum Teil im Laufschritt von links nach rechts eilen und allesamt die gleiche, aus persischer Hosentracht und kurzem Chiton bestehende Kleidung tragen. Eine Amazone, deren Gesicht in Frontalansicht abgebildet ist, führt neben sich ein Pferd, während eine andere durch das zusätzliche Tragen einer Kopfbedeckung und eines Pantherfells etwas aufwendiger als ihre Kampfgenossinnen gekleidet ist. Die Bewaffnung der Frauen setzt sich in sehr einheitlicher Art und Weise aus Speer, Kriegsbeil und sichelförmigem Schild (Pelta) zusammen. Laut den auf dem Vasenkorpus identifizierbaren Inschriften handelt es sich bei der hinter dem Pferd schreitenden Amazone um Penthesileia, bei jener Kriegerin mit Pferd um Antiope (Antiopeia) und bei der rechten Frau um Iolae (Iole).[67]

---

[67] Beazley, J. D.: Attic Red-Figure Vase-Painters. Clarendon Press, Oxford ²1963, 1066.10; Burn, L./Glynn, R.: Beazley Addenda. Oxford University Press, Oxford 1982, S. 159; Mayor, A.: The Amazons. Lives and Legends of Warrior Women across the Ancient World. Princenton University Press, Princeton/Oxford 2014, S. 266, Abb. 16.3.

Das im Rotfigurigen Malstil verzierte Keramikobjekt weist neben dem figürlichen Motiv noch etliche Ornamente auf, unter denen ein basales mit Kreuzmustern durchbrochenes Mäanderband, ein den Henkel zierendes Efeurankenband sowie ein im Bereich der Gefäßschulter positioniertes Palmettenband besonders hervorzuheben sind. Links und rechts neben dem Ansatz des Henkels am Korpus ist jeweils eine Kombination aus Spiral- und Palmettenmuster erkennbar, wodurch die Vasenbemalung insgesamt einen erhöhten Grad an Komplexität erlangt. Neben der Bemalung sind auch bei genauerer Betrachtung keine weiteren durch Ritzung hervorgerufenen Verzierungen erkennbar. Die auf der Oinochoe abgebildeten Amazonen schreiten mit voller Bewaffnung in den Krieg gegen die Griechen vor den Toren Trojas, wohingegen ein eventuelles Jagdmotiv hier weitestgehend ausgeschlossen werden kann. Das etwa 40 cm hohe Keramikobjekt stammt aus einer athenischen Werkstatt und lässt hinsichtlich seines Fundortes noch einige Fragen offen. Gegenwärtig befindet es sich in der Antikensammlung des Metropolitan Museum of Art in New York.


## Motiv 2: Kampf Amazonen gegen Griechen

Amphore des Paris-Malers (550-500 v. Chr.; Tafel 2): Dieses Keramikgefäß zeichnet sich in erster Linie dadurch aus, dass der ornamentale Dekor den figürlichen an Fläche deutlich übertrifft. Die Darstellungen mit menschlichen Gestalten bleiben auf die Vasenschulter beschränkt, wobei auf der Rückseite des Objektes drei Figuren in einen Kampf verstrickt sind.

Bei der linken Person handelt es sich um einen Mann, der in voller Rüstung steht und zudem mit Schwert, Schild und Speer bewaffnet ist. Mit seinem Wurfgerät zielt er auf den ihm gegenüberstehenden Gegner, der eine ebenfalls voll ausgerüstete und bewaffnete Frau repräsentiert. Diese stemmt sich gegen den Angriff des Mannes in halb kniender Position und versucht ihrerseits, den Speer gegen ihren Kontrahenten zu schleudern. Die Frau ist zusätzlich mit einer phrygischen Mütze bekleidet, durch welche ihr eine orientalischer Herkunft bescheinigt werden kann. Hinter ihr befindet sich eine Bogenschützin, die mit kurzem Chiton und phrygischer Kopfbedeckung bekleidet ist. Inschriften lassen darauf schließen, dass es sich bei der Kampfszene um das Aufeinandertreffen von Achilleus und Penthesileia auf dem Schlachtfeld kurz vor dem eigentlichen Zweikampf handelt. Die Szene ist demzufolge noch in einen größeren figürlichen Kontext eingebettet.[68]

Die Amphore wurde im Schwarzfigurigen Malstil dekoriert, wobei keinerlei farbliche Differenzierung zwischen Mann und Frau vorgenommen wurde. Wie schon erwähnt wurde, weist das etwa 45 cm hohe Gefäß einen reichen ornamentalen Schmuck auf, welcher sich aus einem Tiermotiv (Kühe), Strahlen- und Zickzackmustern sowie spezifischen Ranken- und Blattmustern zusammensetzt. Die Vase stellt insofern eine

---

[68] Hampe, R./Simon, E.: Griechische Sagen in der frühen etruskischen Kunst. Philipp von Zabern, Mainz 1964, S. 47-52, Taf. 18-19; Galinski, G. K.: Aeneas, Sicily and Rome. Princeton University Press, Princeton 1969, Abb. 99.

Besonderheit dar, als sie im 6. Jh. v. Chr. in einer etruskischen Werkstatt gefertigt wurde und eine deutliche Einflussnahme der griechischen Kunst bei den Etruskern widerspiegelt. Gegenwärtig befindet sich das außergewöhnliche Keramikobjekt im Dänischen Nationalmuseum in Kopenhagen.


## Motiv 3: Zweikampf Achilleus — Penthesileia

<u>Amphore des Exekias (530-525 v. Chr.; Tafel 3)</u>: Bei diesem im Schwarzfigurigen Stil bemalten Keramikgefäß ist die Monomachie bereits in jenem Stadium angelangt, in welchem Achilleus die Amazonenkönigin mit seinem Speer niederstreckt. Der mit Bart und langen Locken dargestellte Pelide eilt großen Schrittes nach rechts. Er trägt seine volle Rüstung und Bewaffnung und ist zudem mit einem durch hohen Kamm gekennzeichneten Helm und einem kurzen gestreiften Chiton ausgestattet. Achilleus hat Penthesileia bereits in die Knie gezwungen und bohrt seinen Speer in deren Kehle. Die Amazone ist ebenfalls mit einem griechischen Helm mit Wangenstücken und Schlangenrelief sowie mit einem kurzen gemusterten Chiton und einem darübergezogenen Leopardenfell ausgestattet. Zudem verfügt sie, die einen verzweifelten Blick auf ihren Gegner wirft, über Schwert und Schild. Mit der letzten ihr noch zur Verfügung stehenden Kraft versucht sie mit ihrem Speer auf den Sohn des Peleus einzuwirken, wobei jedoch bereits das Blut aus ihrer tiefen Wunde herausströmt. Die beiden Protagonisten werden durch entsprechende Inschriften namentlich genannt. Darüber hinaus kann links neben

der Kampfszene die Inschrift Ἐχσηκίας ἐποίησε, rechts daneben hingegen der altgriechische Schriftzug Ὀνητορίδης καλός identifiziert werden.[69]

Die aus archaischer Zeit stammende Vase wurde in einer attischen Keramikwerkstatt gefertigt und nach Unteritalien exportiert, wobei sie bei archäologischen Grabungen in Vulci zum Vorschein gelangte. Das 41 cm hohe und 29 cm breite Gefäß wurde sowohl bemalt als auch mit Ritzzeichnungen versehen und verfügt neben den auf Vorder- und Rückseite platzierten figürlichen Darstellungen noch zusätzlich über einen aus Spiralen und verschiedenen Standardmustern bestehenden ornamentalen Dekor. Das Objekt wurde in der ersten Hälfte des 19. Jh. vom British Museum aus der Privatsammlung des Edmé Antoine Durand käuflich erworben und gilt seitdem als bedeutender Bestandteil der Antikensammlung dieses Hauses.

<u>Amphore des Exekias (ca. 535 v. Chr.; Tafel 4)</u>: Auf einer ebenfalls dem Töpfermeister und Maler Exekias zuzuschreibenden Amphore wird abermals der Zwei-

---

[69] Beazley, J. D.: Attic Black-Figure Vase-Painters. Methuen, Oxford 1956, 144.7, 672.2, 686; Beazley, J. D.: Paralipomena. Clarendon Press, Oxford 1971, S. 60; Blok, J. H.: The Early Amazons. Modern and Ancient Perspectives on a Persistent Myth. Brill, Leiden 1995, Taf. 3 (A); Boardman, J.: Greek Art. Thames & Hudson, London ⁴1996, S. 105, Abb. 93; Mackay, E. A.: Tradition and Originality. A Study of Exekias. Archaeopress, Oxford 2010, S. 391, Abb. 4, Taf. 74-76; Moignard, E.: Master of Attic Black-Figure Painting. The Art an Legacy of Exekias. BA, London/New York 2015, Taf. 4-5.

kampf zwischen Achilleus und Penthesileia thematisiert. Der nach rechts schreitende Sohn des Peleus ist wiederum vollständig bewaffnet. Die Ausrüstung des bärtigen und mit langen Haarlocken ausgestatteten Mannes setzt sich aus Schwert, charakteristischem böotischen Schild und Speer zusammen, wobei mit letzterem Gerät auf die nach rechts zurückweichende Penthesileia eingestochen wird. Unter seiner von Hephaistos geschmiedeten Rüstung trägt Achilleus einen kurzen gestreiften Chiton. Die Amazonenkönigin zeichnet sich durch langes geflochtenes Haar aus, über dem sie einen Helm mit hohem Kamm und Wangenstücken trägt. Darüber hinaus verfügt sie über einen Kürass, unter welchem sie mit einem kurzen gestreiften Chiton bekleidet ist. Sie verteidigt sich gegen die Angriffe des Peliden mit Speer und Schild, auf dem ein Efeukranz aufgemalt ist.[70]

Die im Schwarzfigurigen Malstil dekorierte Vase wurde in einer attischen Werkstatt hergestellt und besitzt neben den figürlichen Darstellungen auch noch einen ornamentalen Dekor, bei dem die in das Bildfeld hineinragenden Spiral-Palmetten-Muster besonders erwähnenswert sind. Das 41,5 cm hohe und 30 cm breite Gefäß wurde bemalt und mit zahlreichen als Binnenzeichnungen dienenden Ritzungen versehen, wodurch eine gewisse ikonografische Komplexität entstand. Die Amphore wurde im Jahre 1849 durch das

---

[70] Smith, C. H.: Catalogue of Vases in the British Museum. BMP, London 1896, B209; Forsdyke, E. J. et al.: A Catalogue of the Greek and Etruscan Vases in the British Museum. BMP, London 1893-1925, Nr. 554.

British Museum aus Campanari erworben und befand sich zuvor vermutlich in der Kollektion von Thomas Blayds und in der Sammlung Pizzati. Das Gefäß weist einige Beschädigungen auf und zeichnet sich zudem durch das Verbleichen der weißen Farbe aus.

<u>Halsamphore des Polygnotos (450-430 v, Chr.; Tafel 5)</u>: Dieses im Rotfigurigen Malstil gestaltete Keramikgefäß zeigt auf seiner Vorderseite den Zweikampf zwischen Achilleus und Penthesileia, welcher den Tod der Amazonenkönigin zur Folge hat. Der Sohn des Peleus wird als bärtiger Mann mit Helm, welcher über ausgeprägte Wangenstücke verfügt, über den linken Arm geschlagenem Mantel, Schild (mit Pantheremblem), und Speer in der linken Hand dargestellt. Er führt eine rasche Bewegung nach links aus und schwingt ein langes Schwert mit Spiralgriff über seinem Kopf. Mit diesem schlägt er auf Penthesileia ein, welche vor ihm zurückweicht und sich mit ihrer in beiden Händen gehaltenen Streitaxt zur Wehr setzt. Die Amazone trägt ein orientalisches Untergewand (Anaxyrides) mit gewöhnlichen Verzierungen, Schuhe, eine Mütze (Kidaris) mit abgeflachter Spitze und einen kurzen Chiton mit Apoptygma, welcher durch einen Gürtel am Körper fixiert wird. Ihr Kopf wird in Dreiviertelansicht gezeigt, weshalb der mit einem Kreuzgurt auf dem Rücken fixierte Pfeilköcher mit flügelförmigen Applikationen kaum erkennbar ist. Hinter der Amazone bricht das Streitross nach links aus, wodurch der Bogen der Kriegerin zu Boden fällt. Auf dem Schild des Peliden kann der Namenszug ΑΧΙΛΛΕΥΣ gelesen werden.

Die in Attika gefertigte Halsamphore verfügt im Bereich der Standlinie der Figuren über ein Mäanderband, im Halsbereich hingegen über ein ausgeprägtes Palmettenmuster. Das 51 cm hohe und 27 cm breite Keramikobjekt wurde bei archäologischen Grabungen in Capua vorgefunden und zeichnet sich durch die ausschließliche Anwendung der Maltechnik ohne zusätzliche Ritzungen aus. Es wurde im Jahre 1873 durch das British Museum aus der Sammlung des Alessandro Castellani käuflich erworben.[71]

<u>Attischer Kelchkrater des Pan-Malers (500-450 v. Chr.; Tafel 6)</u>: Dieses durch starke Bereibungen gekennzeichnete Keramikobjekt zeigt den Zweikampf zwischen Achilleus und Penthesileia, wobei der Sohn des Peleus von links nach rechts agiert und mit Helm, Schild, Schwert und langem Speer ausgerüstet ist. Mit letzterer Waffe sticht er in die Lende der Penthesileia, welche bereits in die Knie gegangen ist und sich mit ihrer linken, den Kampfbogen haltenden Hand am Boden abstützt. Die Amazone ist mit kurzem Chiton, orientalischer Kopfbedeckung und Pantherfell bekleidet und trägt zudem auf ihrem Rücken einen Pfeilköcher. Ihren rechten Arm hat sie in Richtung ihres Gegners ausgestreckt, um diesen von weiteren Angriffen gegen sie abzuhalten. Direkt über der Amazonen-

---

[71] Smith, Catalogue of Vases in the British Museum, E207-208; Beazley, Attic Red-Figure Vase-Painters, 1030.35; Burn/Glynn, Beazley Addenda, S. 155; Carpenter, T. H./Mannack, T./Mendonca, M.: Beazley Addenda. Oxford University Press, Oxford ²1989, S. 317.

königin schwebt eine kleine Nike von rechts nach links, um Achilleus den Siegeskranz zu überbringen.

Das im Rotfigurigen Malstil gefertigte Keramikgefäß weist neben den figürlichen Darstellungen auf Vorder- und Rückseite noch ein basales Mäanderband und ein unmittelbar unterhalb der Mündungslippe platziertes Palmettenband auf. Die Vase entstand in einer attischen Werkstatt und wurde sowohl mit Mal- als auch mit Ritztechniken verziert. Über ihren Fundort gibt es keine genaueren Angaben. Das Objekt galt als Bestandteil der Broomhall-Kollektion des Fitzwilliam Museum in Cambridge, ehe es in den Privatbesitz der Sammlung Cahn überging.[72]

Schale des Penthesileia-Malers (460-450 v. Chr.; Tafel 7): Dieses in mehrerlei Hinsicht einzigartige Keramikgefäß zeichnet sich durch seinen guten Erhaltungszustand und seine reiche figürliche Ausgestaltung aus. Während an der Außenseite der Schale jugendliche Griechen mit Pferden, Speeren, Helmen, Beinschienen und allerlei anderen Ausrüstungsgegenständen abgebildet sind, konzentriert sich die im Inneren des Objektes dargestellte Szene auf den Kampf der Amazo-

---

[72] Beazley, Attic Red-Figure Vase-Painters, 550.3; Beazley, Paralipomena, S. 386; Burn/Glynn, Beazley Addenda, S. 125; Carpenter/Mannack/Mendonca, Beazley Addenda, S. 257; Muth, S.: Gewalt im Bild. Das Phänomen der medialen Gewalt im Athen des 6. und 5. Jahrhunderts vor Chr. De Gruyter, Berlin 2008, S. 373, Abb. 266; Thomsen, A.: Die Wirkung der Götter, Bilder und Flügelfiguren auf griechischen Vasen des 6. und 5. Jahrhunderts v. Chr. De Gruyter, Berlin/Boston 2012, S. 182.

nen gegen die Griechen und insbesondere auf die zwischen Penthesileia und Achilleus stattfindende Monomachie. Diese Duell befindet sich bereits in seiner Endphase, da der bärtige Sohn des Peleus, welcher mit Helm, Schild und Beinschienen ausgerüstet ist, sein Schwert in den Oberkörper seiner Gegnerin stößt. Die schon in die Knie gegangene Amazonenkönigin, welche lediglich mit kurzem Chiton und einer Kopfbinde bekleidet ist, weiß ihrem Kontrahenten nichts mehr entgegenzusetzen und hat beide Arm gegen Achilleus ausgestreckt, um diesen von seinem tödlichen Vorhaben abzubringen. Links neben der zentralen Kampfszene befindet sich ein in voller Rüstung stehender griechischer Krieger, welcher der Tötung der Penthesileia beiwohnt, wohingegen rechts eine niedergestreckte Amazone liegt, die eine identische Bekleidung wie ihre Anführerin aufweist und beide Arme nach oben streckt.[73]

Die im Rotfigurigen Malstil verzierte Schale ist nach Auffassung der archäologischen Wissenschaft athenischen Ursprungs und gelangte im Zuge des transmediterranen Handels nach Unteritalien. Ihre Entdeckung

---

[73] Beazley, Attic Red-Figure Vase-Painters, 879.1, 1673; Beazley, Paralipomena, S. 428; Boardman, J.: Athenian Red Figure Vases. The Classical Period. Thames & Hudson, London 1989, S. 111, Abb. 100; Boardman, J.: The History of Greek Vases: Potters, Painters and Pictures. Thames & Hudson, London 2001, S. 93, Abb. 126; Buschor, E.: Griechische Vasenmalerei. R. Piper, München 1914, S. 187; Knauss, F.: Die Kunst der Antike. Meisterwerke der Münchner Antikensammlungen. C. H. Beck, München 2017, S. 54.

erfolgte bei entsprechenden Ausgrabungen im etrurischen Vulci. Das etwa 15 cm hohe und 20 cm breite Keramikobjekt wurde durch Malerei und Ritzungen verziert und enthält zudem zahlreiche nicht näher zuordenbare Inschriften. In der Forschung wird von mancher Seite der Zweikampf zwischen Achilleus und Penthesileia in Zweifel gezogen und in der Abbildung eher das Duell zwischen Theseus und Antiope gesehen. Die Schale befindet sich gegenwärtig im Besitz der Antikensammlung in München.

<u>Hydria des Berlin-Malers (525-475 v. Chr.; Tafel 8)</u>: Bei diesem sehr gut erhaltenen Keramikobjekt ist lediglich die Gefäßschulter mit einem figürlichen und ornamentalen Dekor versehen, während der gesamte restliche Korpus durch seine schwarze Färbung besticht. Die figürliche Szene zeigt den Zweikampf zwischen Achilleus und Penthesileia, wobei der Sohn des Peleus von links nach rechts agiert und mit Lanze, Schild und großem Rundschild ausgerüstet ist. Auf seinem Kopf trägt er einen mit prächtigem Kamm und Wangenklappen versehenen Helm. Seine Lanze sticht er unter Ausführung eines weiten Ausfallschrittes in den rechten Oberschenkel seiner Gegnerin. Penthesileia wird bereits in einer halbliegenden Position mit angezogenem linken und ausgestrecktem rechten Bein gezeigt. Die mit kurzem Chiton und orientalischer Mütze bekleidete Kriegerin hält in ihrer linken Hand den Bogen und streckt ihren rechten Arm in die Richtung ihres Gegners aus, um sich vor weiteren Angriffen zu wehren. Aus der ihr mit der Lanze beigebrachten Wunde strömt bereits in großer Menge Blut

aus. Als Basislinie für die figürliche Darstellung dient ein sehr schlicht gehaltenes Mäanderband mit einer Länge von etwa 20 cm. Bei genauerer Betrachtung der Szene fällt eine signifikante Disproportion der Körpergröße von Achilleus und Penthesileia auf, wobei die Amazonenkönigin wesentlich größer und kräftiger als ihr Kontrahent gezeichnet ist. Hier soll vermutlich beim Betrachter der Eindruck erweckt werden, dass der Sohn des Peleus eine übermächtige Gegnerin zu besiegen vermochte.[74]

Die im Rotfigurigen Malstil verzierte Hydria stammt ursprünglich aus einer athenischen Keramikproduktion und gelangte von dort im Laufe der Jahrhunderte nach Italien. Das knapp 50 cm hohe Gefäß wurde bei Grabungsarbeiten in der Nähe des italienischen Falerii entdeckt und gilt gegenwärtig als Bestandteil der Antikensammlung des Metropolitan Museum of Art in New York.

<u>Attisches Alabastron (500-480 v. Chr.; Tafel 9)</u>: Das zur Aufbewahrung von verschiedenen Duftölen dienende Keramikgefäß widmet seine Bildfläche einzig dem Zweikampf zwischen Achilleus und Penthesileia.

---

[74] Beazley, J. D.: Attische Vasenmalerei des rotfigurigen Stils. Mohr, Tübingen 1925, 84.102, 469; Beazley, J. D.: Der Berlin-Maler. Heinrich Keller, Berlin 1930, 140.132; Beazley, Attic Red-Figure Vase-Painters, 209.169; Beazley, Paralipomena, S. 343; Bol, R.: Amazones Volneratae: Untersuchungen zu den Ephesischen Amazonenstatuen. Philipp von Zabern, Mainz 1998, Taf. 147B; Richter, G. M. A.: Handbook of the Classical Collection, Metropolitan Museum of Art. MMA, New York 1917, S. 102.

Der Sohn des Peleus trägt einen kurzen Chiton und einen korinthischen Helm und ist zudem mit einem ovalen Schild, einem mit Gurt an der Hüfte fixierten Schwert und einem langen Speer bewaffnet, welchen er gegen seine Kontrahentin richtet. Diese scheint bereits eine tiefe Wunde mit der Stichwaffe erfahren zu haben, wodurch sie mit nach oben gestrecktem Arm auf den Boden fällt. Penthesileia trägt eine traditionelle skythische Tracht und eine phrygische Mütze. In ihrer nach unten gerichteten linken Hand hält sie Pfeil und Bogen, während der Pfeilköcher mittels Kreuzgurt an ihrer rechten Hüfte fixiert ist. Körper und Beine der Amazonenkönigin führen eine Bewegung nach rechts durch, wohingegen der Kopf der Frau rückwärts gewandt ist, um den Gegner in den Blick zu nehmen.

Das im Schwarzfigurigen Malstil dekorierte Alabastron weist neben den im Mittelpunkt stehenden Figuren auch einige ornamentale Verzierungen in Form von einfachen Linienmustern auf. Neben der herkömmlichen Maltechnik gelangte bei den figürlichen Elementen auch noch das Ritzverfahren für die Darstellung einzelner Details zur Anwendung. Die aus einer attischen Werkstatt stammende Vase mit einer Höhe von lediglich 15,3 cm befand sich ursprünglich in der Kollektion des Franzosen Louis-Gabriel Bellon und gelangte von dort in eine Privatsammlung in Genf.

<u>Chalkidische Amphore (550-540 v. Chr.; Tafel 10)</u>: Dieses nahezu zur Gänze in schwarzer Farbe gehaltene Keramikgefäß zeigt ein klar abgegrenztes rotes Bildfeld, in welchem zahlreiche Figuren zur Darstel-

lung gelangen. Während in einer apikalen Bildreihe zwei kleiner gezeichnete Kampfszenen, in die jeweils drei Männer verstrickt sind, gezeigt werden, widmet sich das wesentlich größer gezeichnete Hauptbild der Konfrontation zwischen Achilleus und Penthesileia. Das Motiv weicht jedoch von der schriftlichen Überlieferung insofern ab, als die Amazonenkönigin auf ihrem Pferd die Flucht vor dem Sohn des Peleus ergreift. Die Frau trägt einen kurzen Chiton, Beinschienen, einen Kürass und einen aufwendig gestalteten Helm und ist zudem mit Pfeil und Bogen bewaffnet, wobei sich an ihre linke Hüfte der Köcher anschmiegt. Die von rechts nach links reitenden Amazone ist gerade im Begriff, etliche Pfeile gegen den ihr nacheilenden Achilleus abzuschießen; einer dieser Pfeile hat dabei bereits den Schild des Peliden durchbohrt. Der griechische Heros selbst ist mit kurzem Chiton, Beinschienen und Helm ausgerüstet und mit Schwert, Speer und Schild bewaffnet. Er führt mit seinem linken Arm eine weite Ausholbewegung aus, um sein Wurfgerät gegen die Amazonenkönigin zu schleudern.[75]

Die im Schwarzfigurigen Malstil dekorierte Vase sieht weitgehend von irgendwelchen Ritzverzierungen ab und weist lediglich am Fuß einen äußerst einfach gestalteten Strahlendekor auf. Das sehr gut erhaltene Gefäß mit einer Höhe von etwa 42 cm stammt ver-

---

[75] Rumpf, A. (Hrsg): Chalkidische Vasen. De Gruyter, Berlin 1927, S. 25, Nr. 104, Taf. 109; Bothmer, D.: Amazons in Greek Art. Clarendon Press, London 1957, S. 111, Nr. 1; Schefold, K.: Frühgriechische Sagenbilder. Hirmer, München 1964, S. 239, Abb. 319.

mutlich von der griechischen Halbinsel Chalkidike und wurde bei Grabungsarbeiten in Etrurien vorgefunden. Gegenwärtig gilt es als Bestandteil der Antikensammlung in der Ermitage in St. Petersburg.

<u>Schwarzfigurige Halsamphore (um 500 v. Chr.; Tafel 11)</u>: Dieses Keramikgefäß zeigt eine besondere Form des zwischen Achilleus und Penthesileia ausgetragenen Zweikampfes, nämlich das Duell zu Pferde. Der von links nach rechts agierende Achilleus wird als bärtiger Mann gezeigt, der auf dem Kopf einen Helm, über dem kurzen Chiton einen Brustpanzer und zum Schutz der Beine Metallschienen trägt. Seine Bewaffnung besteht lediglich aus einem Speer, welchen er in der rechten Hand führt und in Richtung seiner Gegnerin stößt. Penthesileia agiert von rechts nach links und ist mit kurzem Chiton, Brustpanzer und Helm ausgestattet. Auch sie hält in ihrer über den Kopf erhobenen rechten Hand einen Speer, den sie auf ihren Kontrahenten zu schleudern versucht. Zwischen den beiden befindet sich eine gefallene Amazone, welche über die gleiche Rüstung wie ihre Königin verfügt und mit langer Lanze und Schild bewaffnet ist. Das Zweikampfmotiv erweckt aufgrund des Umstandes, dass der Ausgang des Duells noch nicht von Vorneherein feststeht, erhöhtes Interesse beim Betrachter.
Die im Schwarzfigurigen Malstil dekorierte Amphore weist keine gröberen Abnutzungsspuren auf und verfügt neben der komplexen figürlichen Darstellung auch noch über eine umfangreiche ornamentale Ausschmückung, welche sich unter anderem aus Strahlen-, Blatt- und Palmettenmustern zusammensetzt.

Zwischen den beiden Bildfeldern der Vasenvorderseite und -rückseite wurden entsprechende Kombinationen aus Spiral- und Palmettenmuster eingefügt, welche die Gefäßverzierung ein wenig überladen erscheinen lassen. Sowohl Achilleus als auch Penthesileia werden durch neben den jeweiligen Figuren platzierte Inschriften namentlich genannt. Die Amphore wurde mit einiger Wahrscheinlichkeit in Athen gefertigt und im Zuge des Mediterranhandels nach Italien gebracht. Ihre Entdeckung erfolgte im etruskischen Vulci. Gegenwärtig befindet sich das Objekt in der Antikensammlung in München.[76]

Glockenkrater des Malers von Pisticci (ca. 425 v. Chr.; Tafel 12): Dieses durch einen sehr guten Erhaltungszustand gekennzeichnete Keramikgefäß widmet sich in seiner figürlichen Szene dem Zweikampf zwischen Achilleus und Penthesileia, wobei der Sohn des Peleus von links nach rechts eilt und mit Helm, Schild, Schwert und Speer ausgerüstet ist. Mit dem in der rechten Hand geführten Wurfgerät beabsichtigt der Heros direkt auf seine vor ihm eilende Gegnerin einzuwirken. Penthesileia wendet sich in ihrer Bewegung zwar von Achilleus ab, hat aber andererseits ihren Blick dem hinter ihr laufenden Kontrahenten zugewendet. Sie trägt einen reich gemusterten Chiton und eine turbanartige Kopfbedeckung (Kidaris) und ist zudem mit Kampfbeil und sichelförmigem Schild (Pelta)

---

[76] Beazley, Attic Black-Figure Vase-Painters, 321.10; Carpenter/Mannack/Mendonca, Beazley Addenda, S. 86; Muth, Gewalt im Bild, S. 370, Abb. 263.

ausgerüstet. Die eher fröhlich wirkenden Gesichtsausdrücke der beiden Protagonisten lenken von der Tatsache ab, dass es sich laut schriftlicher Darstellung um einen Kampf um Leben und Tod handelt.

Das im Rotfigurigen Stil bemalte Keramikgefäß weist einige ornamentale Verzierungen auf. Hierbei handelt es sich einerseits um ein unterhalb der Mündungslippe verlaufendes Band aus Blattwerk und andererseits um einen als Standlinie für die Figuren dienenden Streifen mit Mäander- und Kreuzkomponenten. Die ca. 30 cm hohe Vase wurde mit einiger Sicherheit in Unteritalien gefertigt und bei archäologischen Grabungen in der Nähe von Lucania angetroffen. Gegenwärtig wird sie im Archäologischen Nationalmuseum in Madrid aufbewahrt.[77]

## Motiv 4: Tod Penthesileias, Stütztopos

<u>Volutenkrater des Ilioupersis-Malers (um 350 v. Chr.; Tafel 13)</u>: Dieses in jeder Hinsicht prachtvolle Keramikgefäß zeichnet sich durch ein zentrales Bildfeld aus, welches eine Vielzahl an Figuren enthält. Im Zentrum der Szene steht der Stütztopos von Achilleus und Penthesileia, bei dem der Sohn des Peleus die Amazonenkönigin unter beiden Armen festhält, um ihr Zusammensinken zu verhindern. Achilleus ist mit Mantel, Helm, Beinschienen und Schwert ausgerüstet und

---

[77] Sturm, R.: Amazonen in der antiken Vasenmalerei. Die Bedeutung des Bildmotivs der kriegerischen Frau in der alten Töpferkunst. Verlag Dr. Kovač, Hamburg 2017, S. 82 f., Taf. 25.

hat seinen mit Trauer erfüllten Blick von seiner einstigen Gegnerin abgewendet. Penthesileia trägt eine langärmelige Jacke, einen kurzen Chiton und eine orientalische Kopfbedeckung. Ihr Blick ist bereits zu Boden gesenkt. Während sie in ihrer linken Hand das Kampfbeil hält, vollzieht sie mit ihrer rechten Hand eine Geste, die wohl signalisieren soll, dass sie beinahe als Siegerin des Zweikampfes hervorgegangen wäre. Links und rechts neben den beiden Hauptakteuren sind jeweils Amazonen gezeigt, wobei die linke Frau auf ihrem Pferd weilt und das sich aufbäumende Ross der Penthesileia in Zaum zu halten versucht. Hier liegt freilich ein Widerspruch gegenüber der schriftlichen Überlieferung vor, bei der Penthesileias Pferd ebenfalls den Tod erleidet. Oberhalb der beiden Hauptakteure sind Nike, welche Achilleus den Siegeskranz überreicht, Eros und Aphrodite mit dem Kranz der Liebe zu erkennen.

Der Volutenkrater mit seiner Höhe von über 50 cm kann aufgrund seines aufwendigen Dekors dem sogenannten „Reichen Stil" zugeordnet werden und wurde in einer apulischen Werkstatt nahe Tarent gefertigt. Seit 2001 befindet sich das Objekt im Besitz des Kunsthistorischen Museums in Wien.[78]

## Motiv 5: Achilleus trägt Penthesileia vom Schlachtfeld

<u>Hydria der Leagros-Gruppe (510-500 v. Chr.; Tafel 14)</u>: Das Keramikgefäß zeichnet sich durch ein Bild-

---

[78] Sturm, Amazonen in der Vasenmalerei, S. 108 f., Taf. 48.

feld auf seiner Schulter, welches den Aufbruch von Kriegern in den Kampf zeigt, und ein weiteres ikonografisches Feld auf dem Vasenkorpus aus. Dieses stellt eine spezifische Szene mit Achilleus und Penthesileia dar, wobei der Pelide nach rechts schreitet und über einen Bart und lange Haarlocken verfügt. Der in voller Rüstung stehende Mann hält in seiner rechten Hand zwei Speere und trägt über seiner linken Schulter den leblosen Körper der Penthesileia. Der Kopf der Amazone hängt mit geschlossenen Augen an der Vorderseite des Heroen herab. Die Frau verfügt über langes Haar und ein purpurnes Diadem und trägt zudem einen kurzen Chiton mit Kürass, am rechten Unterarm einen Reif, am rechten Bein eine Schmuckspange und an der Seite ein Schwert, dessen Scheide von einem Pantherkopf geziert wird. An der Seite des Achilleus befindet sich ein böotischer Schild mit entsprechendem Efeukranzornament, welcher anderen Vasenbildern zufolge der Penthesileia zugeordnet werden kann. Vor dem Peliden schreiten ein Krieger und ein Bogenschütze nach rechts, wobei erstere Gestalt zurückblickt, voll bewaffnet ist und einen Schild mit Dreibeinsymbol trägt. Der Bogenschütze dagegen ist bärtig und mit phrygischer Mütze, kurzem bestickten Chiton und Beinschienen bekleidet. In seiner linken Hand hält er eine Axt während auf dem Rücken ein Pfeilköcher anliegt. Links neben der Hauptszene liegt eine gefallene Amazone mit angezogenem linken Bein, welche eine lange Haartracht, eine Kopfbinde, einen Helm mit hohem Kamm, einen Kürass, einen kurzen bestickten Chiton, Beinschienen, einen Speer und einen Schild mit zwei Zierknöpfen besitzt. Über ihr eilt ein voll bewaffneter Krieger nach links, der einen Schild mit Stierkopf trägt und die Amazone mit seinem Speer aufspießt.

Die im Schwarzfigurigen Malstil gestaltete Hydria zeichnet sich neben den figürlichen Darstellungen durch eine reiche Ornamentierung aus, welche unter anderem Efeu- und Palmettenmuster umfasst. Das 51,5 cm hohe und 34.5 cm breite Keramikgefäß wurde in einer attischen Werkstatt produziert und trat bei Ausgrabungen im italienischen Vulci zutage. Neben der mehrfarbigen Malerei fand auch die Ritztechnik zur detaillierteren Ausgestaltung der einzelnen Figuren ihre Anwendung. Das nur geringfügig beschädigte Objekt wurde im Jahre 1836 durch das British Museum aus der Sammlung des Edmé Antoine Durand käuflich erworben und befindet sich gegenwärtig in der griechisch-römischen Antikensammlung.[79]

■ ■ ■ ■ ■ ■ ■ ■ ■ ■

---

[79] Beazley, Attic Black-Figure Vase-Painters, 362.33, 355; Beazley, Paralipomena, S. 161; Boardman, The History of Greek Vases, S. 64, Abb. 83; Carpenter/Mannack/Mendonca, Beazley Addenda, S. 96; Mayor, The Amazons, S. 301, Abb. 18.5; Osborne, R.: Archaic and Classical Greek Art (Oxford History of Art). OUP, Oxford 1998, S. 110, Abb. 53; Robertson, C. M.: The Art of Vase-Painting in Classical Athens. CUP, Cambridge 1992, S. 37, Abb. 27; Shipley, L.: Experiencing Etruscan Pots: Ceramics, Bodies and Images in Etruria. Archaeopress, Oxford 2015, S. 91, Abb. 7.17; Stampolidis, N. C./Oikonomou, S. (Hrsg): Beyond. Death and Afterlife in Ancient Greece. Museum of Cycladic Art, Athens 2014, S. 52, 58, Abb. 4.

Oinochoe mit der Darstellung des Zuges der Amazonen in die Schlacht. Neben Penthesileia treten hier noch Antiope und Iolae auf.

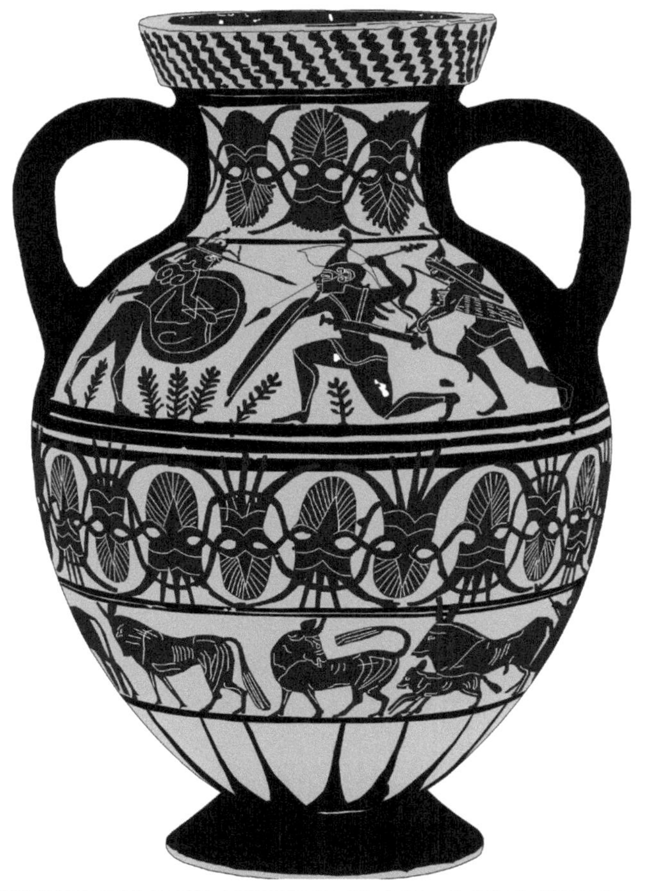

Amphora mit der kriegerischen Auseinandersetzung zwischen Achilleus (links) und Pentesileia (Mitte) inmitten der Amazonomachie.

Amphora des Exekias mit dem Duell zwischen Achilleus (links) und Penthesileia (rechts) (aus: Sturm, 2017).

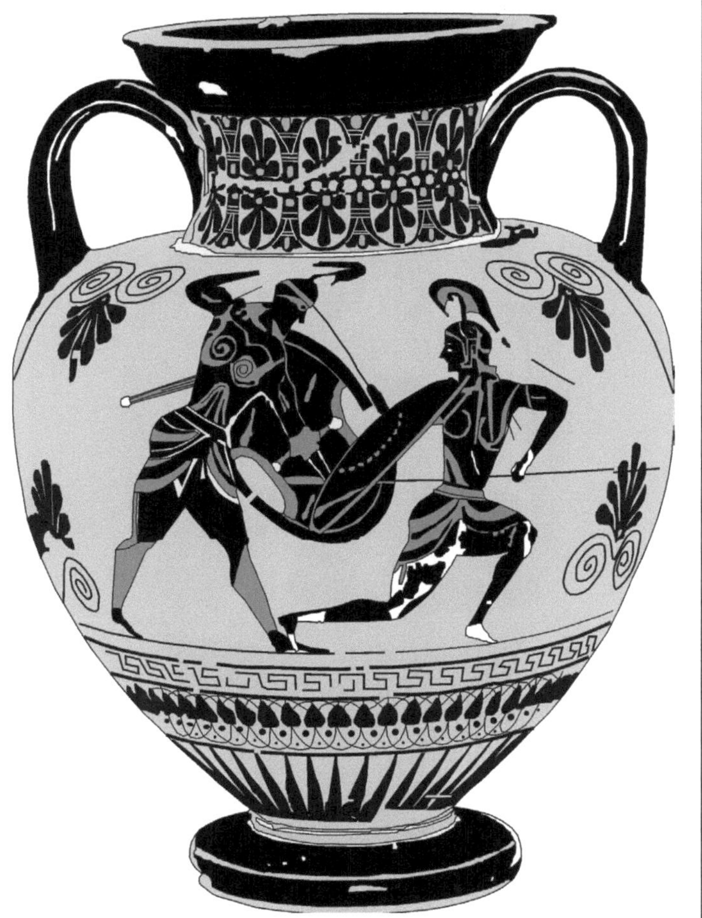

**Weitere Amphora des Exekias mit dem Zweikampf zwischen Achilleus (links) und Pentesileia (rechts).**

**Rotfigurige Halsamphore des Polygnotos mit der Darstellung des Zweikampfes zwischen Penthesileia (links) und Achilleus (rechts) (aus: Sturm, 2017).**

Kelchkrater mit Achilleus (links), der Penthesileia (rechts) bereits zu Boden gerungen hat und als Sieger aus dem Zweikampf hervorgeht. Der Triumph wird durch eine kleine Nike oben rechts symbolisiert.

Innendarstellung einer Schale des Penthesileia-Malers mit dem zentralen Zweikampf zwischen Achilleus (rechts) und Amazone (links) (aus: Sturm, 2017).

**Rotfigurige Hydria mit der Darstellung des Achilleus (links), der die riesenhaft wirkende Amazone Penthesileia (rechts) zu Boden ringt (aus: Sturm, 2017).**

**Schwarzfiguriges Alabastron mit dem auf Penthesileia mit der Lanze einwirkenden Achilleus.**

Schwarzfiguriges Alabastron mit der bereits in Abwehrhaltung agierenden Penthesileia.

**Amphore mit der Darstellung des mit ungleichen Waffen geführten Zweikampfes zwischen Achilleus (rechts) und Penthesileia (links).**

Schwarzfigurige Amphore mit dem zu Pferde ausgetragenen Zweikampf zwischen Achilleus (links) und Penthesileia (rechts) (aus: Sturm, 2017).

Glockenkrater mit der Begegnung zwischen Achilleus (links) und Penthesileia (rechts) auf dem Schlachtfeld (aus: Sturm, 2017).

**Volutenkrater mit der Darstellung des Stütztopos, der nach dem Zweikampf stattfindet (aus: Sturm, 2017).**

Hydria der Leagros-Gruppe, welche Achilleus zeigt, wie er Penthesileia vom Schlachtfeld trägt.

# 4 Schlussbemerkungen

**D**er Zweikampf zwischen Achilleus und Penthesileia hat in den nachhomerischen Epen und Erzählungen seinen Niederschlag gefunden, wobei sich insbesondere Quintus von Smyrna dieser Thematik mit aller Ausführlichkeit annahm. Im ersten Buch der dem Dichter zuzuschreibenden *Posthomerica* wird die ganze Dramatik des Zusammentreffens der beiden Protagonisten auf dem Schlachtfeld vor Troja zum Ausdruck gebracht. Der griechische Heros und die Amazonenkönigin begegnen sich als bittere Feinde, die sich nichts sehnlicher als den Tod des jeweiligen Kontrahenten wünschen. In einer Mischung aus Kampfszenen und Monologen wird eine kontinuierliche Steigerung der Spannung erzeugt, wobei zunächst Penthesileia den vergeblichen Versuch der Tötung ihres Gegners mit dem Speer unternimmt. Daraufhin ist Achilleus am Zug; seine Speere bringen sowohl der Amazonenkönigin als auch deren Pferd tödliche Verwundungen bei. Kurz nach vollbrachter Tat macht sich der Sohn des Peleus noch über seine Kontrahentin lustig, doch spätestens nach Abnahme des Helms vom Kopf der Frau weicht die Häme einer tiefen, von Zuneigung erfüllten Trauer. Nur zu gerne hätte Achilleus die Amazonenkönigin verschont und zu seiner Ehefrau genommen und zur Herrscherin über die Phthia gemacht.

Anhand des vorliegenden Buchs konnte unter anderem herausgearbeitet werden, dass einzelne Episoden des ersten Buchs der *Posthomerica* bereits in der grie-

chischen Vasenmalerei eine unterschiedlich starke Behandlung erfuhren. Insgesamt wird hier eine Differenzierung von fünf Motiven vorgeschlagen, welche sich sehr gut in den Ablauf des Achilleus-Penthesileia-Mythos einfügen. Das erste Motiv beschreibt den Zug des Amazonenheeres in den Krieg gegen die Achaier, wohingegen im zweiten Motiv die dem Duell der beiden Hauptdarsteller vorausgehenden Kämpfe zwischen Amazonen und Griechen ihre Zusammenfassung finden. Das dritte Motiv beschäftigt sich schließlich mit dem eigentlichen Zweikampf zwischen Achilleus und Penthesileia, wobei diese Konfrontation auf unterschiedliche Art und Weise auf den Vasen zur Darstellung gelangt. Zumeist wird bereits die Endphase des Kampfes gezeigt, in welcher der griechische Heros seiner Gegnerin die tödliche Verwundung beibringt. Wesentlich seltener begegnen sich beide Protagonisten als gleichwertige Kämpfer auf dem Schlachtfeld oder ergreift Penthesileia in Anerkennung der drohenden Niederlage die Flucht vor ihrem Kontrahenten. Das vierte Motiv bringt den berühmten Stütztopos zur Abbildung, welcher zeitlich nach der Monomachie angesiedelt ist und den oben geschilderten Sinneswandel des Achilleus widerspiegelt. Das letzte Motiv schließlich zeigt den Sohn des Peleus beim Wegtragen des Leichnams seiner Gegnerin aus dem Schlachtfeld. Diese Szene, welche sich in keinen guten Einklang mit der antiken Literatur bringen lässt, unterstützt jene Hypothese, wonach Achilleus seine einstige Feindin selbst bestattet hat.
Anhand der im vorigen Kapitel vorgestellten Bildbeispiele kann der Schluss gezogen werden, dass der

durch das dritte Motiv abgedeckte Zweikampftopos die bei Weitem größte Verbreitung in der griechischen Vasenmalerei gefunden und die Künstler zur Kreation von zum Teil sehr unterschiedlichen Varianten bewogen hat. Die übrigen Motive haben nur eine sehr vereinzelte Rezeption erfahren, wobei hier die Thematik des Amazonenkampfes noch die stärkste Verbreitung zu besitzen scheint. Zukünftige statistische Untersuchungen sollen bei der Klärung dieser wichtigen Frage behilflich sein.

Bei gleichzeitiger Betrachtung aller Vasen kann man abschließend feststellen, dass die einzelnen Episoden des Achilleus-Penthesileia-Mythos sowohl in der Schwarzfigurigen als auch in der Rotfigurigen Vasenmalerei ihren breiten Niederschlag gefunden haben. Die von der zweiten Hälfte des 6. Jh. v. Chr. bis zum ausgehenden 4. Jh. v. Chr. produzierten Keramikgefäße dürften den spätantiken Schriftstellern als ikonografische Grundlage zur Abfassung ihrer Werke gedient haben. Nur so lässt sich letztendlich die teilweise vorzügliche Korrespondenz zwischen spätantiker Narration auf der einen Seite und archaischem beziehungsweise klassischem Vasenbild auf der anderen erklären. Auch in diesem Bereich sind in Zukunft noch etliche wissenschaftliche Untersuchungen durchzuführen.

■■■■■■■■■

# L Literatur

## L.1 Primärquellen

Apollodor: Apollodori Bibliotheca. Hrsg. von R. Wagner. Teubner, Stuttgart 1965.

Apollodor: Apollodori <Grammatici> Bibliotheca. Hrsg. von P. Dräger: Tusculum, Düsseldorf u. a. 2005.

Diodor: Diodori <Siculi> Bibliotheca historica. Hrsg. von L. A. Dindorf. Teubner, Leipzig 1867.

Euripides: Hercules furens. Hrsg. von K. Hargreaves Lee. Teubner, Leipzig 1988.

Euripides: Sämtliche Tragödien und Fragmente, gr. – dt. Hrsg. von G. A. Seeck. Tusculum-Bücherei, München 1977.

Homer: Ilias. Hrsg. von W. Schadewaldt. Insel-Verlag, Frankfurt am Main [2]1977.

Homer: Ilias. Hrsg. von R. Hampe. Reclam, Stuttgart 1979.

Hyginus: Hygini Fabulae. Hrsg. von P. K. Marshall. Teubner, Stuttgart 1993.

Lycophron: Lycophronis Alexandra. Hrsg. von L. Mascialino. Teubner, Leipzig 1964.

Pausanias: Pausanias Graeciae Descriptio, Liber V-VIII. Teubner, Stuttgart 1959.

Pausanias: Pausanias Graeciae Descriptio, Liber IX-X. Teubner, Stuttgart 1959.

Pindar: Pindari carmina cum fragmentis. Hrsg. von C. M. Bowra. Scriptorum classicorum bibliotheca Oxoniensis, Oxford [2]1961.

Plutarch: Moralia, in fifteen volumes. Hrsg. von F. C. Babbitt. Heinemann, Cambridge 1960-1969.

Plutarch: Plutarch's Lives, in eleven volumes, hg. G. P. Goold. Harvard University Press/Heinemann, London 1975-1982.

Proklos: Fragments of the lost writings of Proclus. Hrsg. von Th. Taylor. Covent Garden 1825.

Scholia in Homeri Iliadem. Hrsg. von I. Bekker. Reimer, Berlin 1825.

Scholia Graeca in Homeri Iliadem. Hrsg. von H. Erbse. Walter De Gruyter, Berlin 1969.

Smyrnaeus, Quintuns: Quinti <Smyrnaei> Pseudohomerica. Hrsg. von A. S. Way. The Loeb classical library, London u. a. 1955.

Statius: Publii Papinii Statii Thebais. Hrsg. von H. Rupprecht. Stolz, Mitterfels 2000.

Triphodoros: Triphodoru Iliu halosis. Hrsg. von U. Dubielzig. Classica Monacensia, Tübingen 1996.

Tzetzes, Johannes: Exegesis Iliadis, griechisch. Hrsg. von A. Lolos. Beiträge zur klassischen Philologie, Königstein 1981.

## L.2 Sekundärquellen

Beazley, J. D.: Attische Vasenmalerei des rotfigurigen Stils. Mohr, Tübingen 1925.

Beazley, J. D.: Der Berlin-Maler. Heinrich Keller, Berlin 1930.

Beazley, J. D.: Attic Black-Figure Vase-Painters. Clarendon Press, Oxford 1956.

Beazley, J. D.: Attic Red-Figure Vase-Painters. Clarendon Press, Oxford [2]1963.

Beazley, J. D.: Paralipomena. Clarendon Press, Oxford 1971.

Blok, J. H.: The Early Amazons. Modern and Ancient Perspectives on a Persistent Myth. Brill, Leiden 1995.

Boardman, J.: Schwarzfigurige Vasen aus Athen. Ein Handbuch. Philipp von Zabern, Mainz 1977.

Boardman, J.: Rotfigurige Vasen aus Athen. Ein Handbuch. Die archaische Zeit. Philipp von Zabern, Mainz 1981.

Boardman, J.: Athenian Red Figure Vases. The Classical Period. Thames & Hudson, London 1989.

Boardman, J.: Rotfigurige Vasen aus Athen. Ein Handbuch. Die klassische Zeit. Philipp von Zabern, Mainz 1991.

Boardman, J.: Greek Art. Thames & Hudson, London ⁴1996.

Boardman, J.: The History of Greek Vases: Potters, Painters and Pictures. Thames & Hudson, London 2001.

Bol, R.: Amazones Volneratae: Untersuchungen zu den Ephesischen Amazonenstatuen. Philipp von Zabern, Mainz 1998.

Bothmer, D.: Amazons in Greek Art. Clarendon Press, Oxford 1957.

Burn, L./Glynn, R.: Beazley Addenda. Oxford University Press, Oxford 1982.

Buschor, E.: Griechische Vasenmalerei. R. Piper, München 1914.

Carpenter, T. H./ Mannack, T./Mendonca, M.: Beazley Addenda. Oxford University Press, Oxford ²1989.

Escher-Bürkli, J.: Artikel „Achilleus". In: RE I (1894), Sp. 221-245.

Forsdyke, E. J./Walters, H. B./Smith, C. H.: Catalogue of the Greek and Etruscan Vases in the British Museum. BMP, London 1893-1925.

Galinski, G. K.: Aeneas, Sicily and Rome. Princeton University Press, Princeton 1969.

Gross, W. H.: Artikel „Vasen, Vasenmalerei". In: DKP V (1975), Sp. 1142-1144.

Hampe, R./Simon, E.: Griechische Sagen in der frühen etruskischen Kunst. Philipp von Zabrn, Mainz 1964.

Hampe, R./Simon, E.: Tausend Jahre frühgriechische Kunst. Hirmer, München 1980.

Keydell, R: Artikel „Quntus von Smyrna". In: RE XXIV/1 (1963), Sp. 1271-1296.

Knauss, F.: Die Kunst der Antike. Meisterwerke der Münchner Antikensammlungen. C. H. Beck, München 2017.

Mackay, E. A.: Tradition and Originality. A Study of Exekias. Archaeopress, Oxford 2010.

Mannack, Th.: Griechische Vasenmalerei. Philipp von Zabern, Darmstadt [2]2012.

Mayor, A.: The Amazons. Lives and Legends of Warrior Women across the Ancient World. Princeton University Press, Princeton/Oxford 2014.

Moignard, E.: Master of Attic Black-Figure Painting. The Art an Legacy of Exekias. Böoomsbury Academic, London/New York 2015.

Muth, S.: Gewalt im Bild. Das Phänomen der medialen Gewalt im Athen des 6. und 5. Jahrhunderts vor Chr. De Gruyter, Berlin 2008.

Osborne, R.: Archaic and Classical Greek Art (Oxford History of Art). Oxford University Press, Oxford 1998.

Paul, E.: Antike Keramik. Entdeckung und Erforschung bemalter Tongefäße in Griechenland und Italien. Koehler & Amelang, Leipzig 1982.

Richter, G. M. A.: Handbook of the Classical Collection, Metropolitan Museum of Art. MMA, New York 1917.

Robertson, C. M.: The Art of Vase-Painting in Classical Athens. Cambridge University Press, Cambridge 1992.

Rumpf, A. (Hrsg.): Chalkidische Vasen. 3 Bde. De Gruyter, Berlin 1927.

Schefold, K.: Frühgriechische Sagenbilder. Hirmer, München 1964.

Schiering, W.: Die griechischen Tongefäße. Gestalt, Bestimmung und Formwandel. Mann, Berlin ²1983.

Schwenn, F.: Artikel „Penthesileia". In RE Supplementband VII (1940), Sp. 868-875.

Shipley, L.: Experiencing Etruscan Pots: Ceramics, Bodies and Images in Etruria. Archaeopress, Oxford 2015.

Simon, E./Hirmer, M.: Die griechischen Vasen. Hirmer, München ²1981.

Smith, C. H.: Catalogue of Vases in the British Museum. BMP, London 1896.

Stampolidis, N. C./Oikonomou, S. (Hrsg): Beyond. Death and Afterlife in Ancient Greece. Museum of Cycladic Art, Athen 2014.

Sturm, R: Qunitus von Smyrnas Posthomerica in 14 Büchern. Der Untergang Trojas – Eine Über setzung aus dem Griechischen. Saarbrücken: Akademiker-Verlag, 2013.

Sturm, R.: Amazonen in der antiken Vasenmalerei. Die Bedeutung des Bildmotivs der kriegerischen Frau in der alten Töpferkunst. Verlag Dr. Kovač, Hamburg 2017.

Thomsen, A.: Die Wirkung der Götter, Bilder und Flügelfiguren auf griechischen Vasen des 6. und 5. Jahrhunderts v. Chr. De Gruyter, Berlin/Boston 2012.

Von Geisau, H.: Artikel „Achilleus". In: DKP I (1964), Sp. 46.

■■■■■■■■■

**104**